ÉXITO
A TRAVÉS DEL
PENSAMIENTO
LÓGICO

DRFRANKLAYMAN

ETPL

Primero Publicado en Español por LowePublishing
LowePublishing2@gmail.com

ISBN: 978-0-9979213-3-5

Impreso en los Estados Unidos de América

Un agradecimiento especial y reconocimiento va para Kevin García. Su visión, trabajo duro, y dedicación para traducir ÉXITO A TRAVÉS DEL PENSAMIENTO LÓGICO en Español hizo este volumen especial posible. Su objetivo era compartir las ideas y enfoques en el éxito para un público más amplio, que podría tener un impacto positivo.

2 Corintios 9:8

Reina-Valera 1960 (RVR1960)

8 Y poderoso es Dios para hacer que abunde en vosotros toda gracia, a fin de que, teniendo siempre en todas las cosas todo lo suficiente, abundéis para toda buena obra.

BOOKS BY: DRFRANKLAYMAN

SUCCESS THROUGH LOGICAL THINKING #1

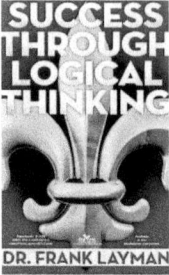

REFLECTIONS TO SUCCESS #2

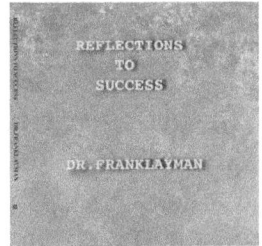

DAILY REFLECTIVE GROWTH #3

CONTEMPLATIVE GROWTH and DEVELOPMENT #4

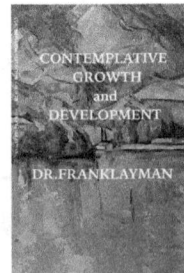

Tabla de Contenido

El primer paso es el paso más importante para lograr el éxito a través del pensamiento lógico. Un marco global está diseñado, en el cual las claves del éxito están centradas alrededor de la reprogramación de nuestros pensamientos para proporcionar el pensamiento lógico para lograr nuestras metas.

La reprogramación de nuestro pensamiento nos permite aprender de nuestros fracasos y analizar las barreras impredecibles. Los pensadores exitosos entienden que el fracaso puede proporcionar la mejor oportunidad para ganar de nuevas perspectivas. Esto es una oportunidad de aprendizaje crucial para el individuo orientado a las metas.

En este capítulo se demuestra la naturaleza crítica de identificar y abordar todas las barreras en el camino para el éxito. La persona orientada a las metas debe trabajar para identificar las barreras y estar dispuestos a seguir adelante cuando esas barreras son imposibles de superar. La naturaleza de los intentos insensatos que dirigen a la auto-derrota es una faceta crítica de esta identificación.

Los beneficios del pensamiento lógico como ellos se relacionan con la disminución de los comportamientos autodestructivos que se explican. Esto incluye la reducción del pensamiento emocional que pueden debilitar nuestras metas. Las consecuencias negativas del pensamiento negativo se explican, todo lo cual puede tener el impacto del auto sabotaje.

Este capítulo demuestra cómo el pensamiento lógico puede crear oportunidades para el éxito de larga duración. Al mismo tiempo, los procesos de pensamiento emocionales pueden debilitar nuestros mejores esfuerzos, creando un camino común hacia el fracaso que muchos de nosotros nos involucramos periódicamente.

Uno de los beneficios primarios del pensamiento lógico en una base diaria es que tiene la capacidad de reducir o eliminar duda de sí mismo. Las personas exitosas son capaces de controlar los pensamientos irracionales, emociones que pueden sabotear nuestro compromiso de nuestras metas. Pensamiento lógico reenfoca nuestros pensamientos, convirtiéndonos en personas con conocimientos, y de confianza.

Este capítulo describe las muchas maneras en que el pensamiento lógico puede ser aplicado en nuestras vidas día a día. Es importante identificar y planificar un método de enfrentar las tareas diarias que existen en el camino al éxito. Un plan claramente desarrollado es el resultado del pensamiento lógico, y esto siempre mejora nuestras posibilidades de tener éxito.

Es imperativo que cada uno de nosotros cambiemos nuestros patrones de pensamiento eliminando pensamientos emocionales que sumaren nuestras metas. Este capítulo describe los métodos críticos para hacer este cambio sobre una base diariamente. Son estos los éxitos diarios que comprenden algunos de los más grandes éxitos de la vida.

Los actos de resolver tareas sencillas son los bloques de construcción del éxito. Por esta razón, debemos trabajar de manera eficiente y limitar los obstáculos innecesarios que aparecen en nuestro camino. En este capítulo se describen las herramientas que nos pueden ayudar a lo largo de nuestro camino.

El pensamiento racional nos permite evaluar lógicamente las elecciones ante nosotros y tomar decisiones apropiadas para nuestra salud y bienestar. Esta es una faceta esencial de todas las decisiones importantes. En este capítulo se describe la importancia de tomar decisiones racionales y las razones por las que esto es más difícil de lo que parece.

En este capítulo se expone la significación de quebrar las metas en partes componentes que nos permiten no deja nada sin resolver. Rompiendo una tarea en sus partes componentes nos ayuda a crear una lista de chequeo, y atacar cada parte una a la vez de una manera lógica. Esta es una tarea crítica del pensamiento lógico.

Es una práctica común para muchas personas que se llenan de ansiedad o apatía en ausencia de un plan específico. Este capítulo describe la importancia de prepararse para el futuro creando un plan perfecto. Esto ayuda a anticipar lo inesperado y responder lógicamente, en lugar de emocionalmente.

En este capítulo, la noción de alcanzar a nuestros compañeros y colegas más joven se discute como una manera de ayudar a los demás y mantenerse saludable. Es importante ayudar a otros a medida que crecen y se hacen más logros. Lo contrario de esto – minimizar los esfuerzos de otros - es dañino para los demás y para nosotros mismos.

El trabajo duro va mano a mano con resultados exitosos. Con el fin ser exitosos en el largo plazo, es imperativo que nos comprometemos en autodesarrollo perpetuo. Esto frecuentemente requiere trabajar duro diariamente.

Este capítulo describe la diferencia entre necesidades y deseos, y aclara que esta distinción puede ser difícil para muchas personas. Nuestra sociedad de consumo aumenta a la dificultad que nos sintamos poder hacer esta distinción clara para nosotros, ya que nos bombardean con campañas publicitarias que empañar la línea.

En este capítulo, la importancia de mantenerse enfocado y los obstáculos de nuestro camino se describen en detalle. Permitiendo que muchas distracciones molesten nuestro curso tiende a disminuir nuestro impulso hacia adelante. Las personas exitosas se mantienen enfocados durante el transcurso del tiempo, independientemente de lo que se les presente.

En este capítulo, la importancia de pensar regularmente acerca de la excelencia es detallada. La combinación de este panorama con visión de futuro y un compromiso con pensamiento lógico prepara a una persona de obtener resultados exitosos.

Lucha por la excelencia nos lleva a aceptar roles de liderazgo, y esto es importante para cualquier persona para tener en cuenta. roles de liderazgo pueden suceder en cualquier organización y de cualquier posición. Este capítulo describe el beneficio de respetar a las personas que trabajan para nosotros, así como nosotros respetamos a nuestros empleadores y los ancianos.

Las expectativas poco realistas pueden debilitar nuestros esfuerzos hacia el éxito y llevar a la decepción innecesaria. Esta es la marca del pensamiento emocional que hace que el éxito sea muy difícil de lograr. Las expectativas realistas son críticas para el éxito en todo momento.

En este capítulo, se discute el valor de fuertes habilidades de administración del tiempo. Los obstáculos con la administración del tiempo son infinitos e incluyen la envidia, la ira, duda de sí mismo, y otras distracciones. Las personas de éxito valoran su tiempo en lugar de considerarlo un lujo.

Se discute el valor de los vicios positivos contra los negativos. Vicios son hábitos, por naturaleza, y muchas veces son destructivos. Los tipos de vicios negativos se desarrollan y se anima a los lectores que piensen en sus
vicios a través de auto- descubrimiento. Vicios negativos son hábitos que tienden a ser practicado por los pensadores emocionales.

El miedo y la duda son enemigos significativos de éxito, y son hábitos de la gente fracasada. Se discuten formas en las cuales este proceso de pensamiento negativo puede eliminarse, principalmente a través de la herramienta del pensamiento lógico.

Las personas exitosas pueden traducir su preparación positiva en la dinámica de grupo. Sin embargo, muchos escenarios de grupo son perjudiciales para el pensamiento lógico y metas personales. Entendiendo cómo la dinámica de grupo de trabajo puede ayudar a convertir a las personas en líderes y preparar a todo el grupo para el éxito.

Las distracciones a las vías de éxito están en todas partes, y puede ser fácil llegar a ser influenciado por envases de fantasía. Este es un hábito de pensadores emocionales. En este capítulo se describen los métodos para evitar esta tentación y mantener el compromiso para lograr el éxito a través del pensamiento lógico.

Es importante evaluar cuidadosamente los ejemplos que seguimos y evitar adorar falsos ídolos. Este es un hábito común para las personas. Al mismo tiempo, es el decreciendo que debe de ser evitado a través del pensamiento lógico y la fidelidad a las metas personales. Se describen las muchas distracciones que la mayoría de nosotros enfrentamos.

La mayoría de nosotros enfrentamos las decisiones difíciles con regularidad. Los resultados de estas decisiones y las elecciones que hacemos juegan un papel importante al determinar qué tan exitoso y feliz nos volvemos. En este capítulo se describen las herramientas que todos podemos utilizar para aplicar el pensamiento lógico para nuestras habilidades de tomar las decisiones.

No toma mucho tiempo para darse cuenta de que la gente que nos rodean juegan un rol importante en influenciar los resultados en nuestras vidas. Sin embargo, la mayoría de nosotros no realizamos para decidir racionalmente con quien debemos de pasar nuestro tiempo. Es imperativo que nosotros evaluamos racionalmente con quien pasamos el tiempo con sobre una base diaria.

Usando el razonamiento deductivo nos ayuda a hacer decisiones racionales que nos apuntan en la dirección del éxito. Este método nos ayuda a seguir opciones favorables y evitar las trampas que van con el pensamiento emocional. En este capítulo se detallan los beneficios de razones deductivos y aconseja a seguir este camino con la mayor frecuencia posible.

La importancia de definir los límites de nuestras vidas se detalla, con un énfasis en evitar la crítica y la negatividad de los demás. Las distracciones inhiben de nuestra habilidad para definir nuestras vidas, y señalar a nosotros mismos en la dirección de nuestros objetivos y felicidad.

Una prueba se da a los lectores para ayudar a evaluar su capacidad de aplicar procesos de pensamiento lógico para su vida diaria, e identificar los hábitos negativos. Se anima a los lectores a aplicar las lecciones aprendidas de esta prueba y desarrollar las habilidades que han absorbido a través de este texto. Al hacerlo se puede beneficiar el lector con preparándolo para una vida de recompensas personales.

Volando por el asiento de nuestros pantalones puede ser un éxito marginal en el tiempo. Sin embargo, vivir con este credo es como un piloto que le falta las herramientas de navegación. Él está destinado de perderse con el tiempo. La preparación cuidadosa basada en el pensamiento lógico nos ayuda a anticipar y analizar, preparar, y lograr. Nos ayuda a superar nuestras emociones para ser las mejores versiones de nosotros mismos que podemos ser.

CAPÍTULO 1

El Principio

¿**D**ónde está usted en su vida? ¿Está donde esperabas que estaría? ¿Ha seguido un plan para llegar a dónde está? Si usted no ha alcanzado su potencial, ¿Ha identificado los factores previniendo que alcanzar sus objetivos? ¿Por qué es importante para usted que su familia crezca y desarrollé? ¿Cómo es su crecimiento y desarrollo, o falta de ella, va a afectar a sus hijos? Lo más importante, ¿Cómo puedes mejorarte a ti mismo y alcanzar su máximo potencial?

Me gustaría afirmar que todos podríamos mejorar nuestra posición en la vida. También me gustaría afirmar que todo el mundo quiere mejorar, sin importar su nivel de éxito. ¿Cuáles son los principales obstáculos que se encuentran en su camino para la vida que quieres para ti, y la familia? Es mi experiencia - que ha crecido desde sus humildes comienzos para lograr el éxito académico, una amplia experiencia militar y de poseer y operar algunos negocios - que somos nuestra frecuencia mayor obstáculo para el éxito. Nuestras emociones son con frecuencia la barrera más grande para superar. Las emociones pueden ser una pared que impida ganarse la vida que queremos vivir. Nuestras emociones son complejas, y que normalmente se reflejan en nuestro comportamiento. Por lo tanto, a pesar de que son un obstáculo fundamental y complejo, no son la única variable que tenemos que analizar y discutir.

Si sólo fuera tan simple como un factor que se interpone entre nosotros y nuestra visión de éxito, sería fácil identificar este obstáculo e impulsar hacia adelante a nosotros mismos. Pero para la mayoría de nosotros, esto es una ilusión. Múltiples variables pueden comprender nuestras emociones, y pararse entre nosotros y donde queremos estar.

He pasado años refinando mis emociones y persiguiendo el éxito. Este libro se trata de compartir lo que he aprendido para que otros se puedan beneficiar. Una de las cosas más importantes que he aprendido es que hay tendencias hacia el éxito que todos nosotros deberíamos tener en cuenta. Mediante el conocimiento y la adhesión a estas tendencias, puede posicionarse para lograr todo lo que usted busca.

No importa como lo defina el éxito, una cosa que mejorará es su probabilidad de éxito es la identificación de las tareas componentes para lograr el objetivo. Se trata de identificar las barreras en su camino y la aplicación de una pantalla de pensamiento lógico para el proceso de alcanzar sus objetivos.

¿Qué es lo que espero lograr por el esfuerzo de la lectura de este libro:

1) Abarcamiento de un modelo de pensamiento lógico a fin de enfrentar la vida con la intención de mejorar su posición.
2) La reprogramación de nuestro pensamiento para mejorar las oportunidades de éxito.
3) Mirada de temas complejos en partes componentes que construyen el éxito.
4) Alejándose de ser gobernados por nuestras emociones, y viendo los impactos negativos de la toma de decisiones emocionales.
5) Cambiar nuestra perspectiva para ver cómo los fracasos del pasado proporcionan la perspectiva para el futuro éxito.
6) La mejora de nuestra capacidad para analizar las tendencias.
7) Chispeando nuestro deseo de tener éxito a través del análisis de todas las oportunidades posibles.
8) Empezando hoy para mirar el tiempo que nos queda y la aplicación de habilidades de pensamiento crítico para alcanzar nuestro máximo potencial.

El principio es siempre la parte más difícil de cualquier tarea. La vida está llena de tareas difíciles. Pueden ser obligatorios, impuestos o voluntarios. Cualquiera sea el tipo de tarea, hay que confrontar los obstáculos para completarlos porque ellos tienen que ser tratados. Los retos que posponemos llevan a menudo a un mayor esfuerzo mientras más esperemos.

Nuestras actitudes emocionales frecuentemente nos llevan a posponer las tareas de frente de nosotros. Ellos pueden dominar nuestros pensamientos, que nos lleva a tomar una postura emocional hacia estas tareas. Como resultado, a menudo es más productivo para disminuir nuestra perspectiva emocional, reemplazándolo con una perspectiva lógica.

La postura emocional puede causar que hagamos cosas extrañas. Vale la pena pensar por un momento en nuestra base de estados emocionales, como el miedo, la ira, los celos, la tristeza, la felicidad, y la negación. Se siente abrumado por una sola de estas emociones puede minimizar de todos nuestros esfuerzos. Si alguna vez te has sentido dominado por una o más de estas emociones, probablemente estás familiarizado con el sentimiento de caer por debajo de sus objetivos. Es importante preguntarse: ¿Cuáles son las posibilidades de éxito si estás influenciado por tus emociones?

La perspectiva que yo confío que mis lectores lleguen a tener después de leer este libro es que las posturas emocionales impiden nuestro éxito. Imagínese que usted está tratando de avanzar en su carrera cuando otra persona es promovida en lugar de usted. Es probable que usted envidie de esa persona, y este enojado con sentirse despreciado. ¿Cómo puede afectar a su trabajo y las relaciones de trabajo este estado emocional? ¿Cuánto tiempo pasará antes de que seamos ineficaces en nuestros trabajos? Me gustaría asegurar con firmeza que los estados emocionales obstaculizan nuestras posibilidades de éxito, y en algunos casos puede hacer que sea imposible pura y simple.

Pensamiento emocional con frecuencia resulta en la procrastinación y estancamiento. En lugar de identificar y abordar las tareas de frente, la postura emocional conduce a la evitación y negación. Este patrón puede dar lugar a una cascada de tareas sin empezar y / o incompletos. Este montón de montaje de las tareas incompletas se hace más difícil hacer frente a lo largo del tiempo.

Para mí, este ciclo se ha parecido siempre un ciclo de procesamiento de la computadora. Se alentó a la mayoría de los estudiantes universitarios en los años 80 a tomar Ciencias de la Computación. Incluso cuando estudiaba la carrera de medicina deportiva, recuerdo mi asesor me forcejeo en clases ciencias de la computación donde aprendimos el lenguaje de programación usando binaria llamada básica. Básica es un lenguaje binario, y los programas escritos a menudo resultaba en ciclos sin resolver. El resultado de un ciclo no es productivo; que continuará indefinidamente si no se rompen y deben ser reescritas con el fin de conseguir un programa de trabajo como un resultado. En un intento de evitar estos ciclos, habríamos planeado nuestros programas hacia fuera en el papel como un algoritmo. Si el programa de ciclos cuando corrió, sería cerrado y que tendría que regresar al tablero de dibujo y empezar de nuevo. A veces el ciclo que iniciaría podría ser identificado, y esta parte es de ser reescrito para que el programa funcionaría. Más a menudo que no, tendríamos que empezar de nuevo.

Para la mayoría de nosotros, hemos aprendido a manejar la mayoría de nuestros problemas por nosotros mismos. Hemos crecido capaz de ir de nuevo al tablero de dibujo y reprogramar de nuestras mentes, reentrenando que sean analítico y lógico. Esto es como logramos un acercamiento de trabajo para la resolución de tareas. Esta es la forma en que manejamos las tareas simples en nuestras vidas - para llegar al trabajo en la mañana o limpiar la casa los fines de semana. Aplicando el mismo método para las tareas monumentales - reprogramando de nuestras mentes - puede llevar al mismo tipo de éxito; sólo en una escala mucho mayor.

Para empezar, hay que identificar las mayores tareas de nuestras vidas. ¿Cuáles son las tareas de nuestras vidas que son obligatorias, impuestas o voluntarias? Para la mayoría de nosotros, una lista completa es ir demasiado lejos. Es una buena idea escribir esta lista y dar prioridad a ellos. Después dar prioridad a su lista, es prudente para componer cuidadosamente un plan para lograr cada tarea, identificando tantos obstáculos como sea posible que podamos encontrar en el camino.

Este es el primer paso hacia nosotros traer la dirección del pensamiento lógico, y alejándose de la postura emocional. El diseño de estrategias lógicas para hacer frente a nuestros retos y metas no es difícil. Sin embargo, no es obvio para muchos de nosotros, y el camino de frecuencia se oculta por las emociones y los patrones de pensamiento inmaduras. Empezar es fácil y cualquiera puede hacerlo. Se necesita dejar a un lado nuestras emociones, e identificar y lista de las tareas de nuestras vidas que son obligatorias, impuestas o voluntarias. Esto toma dando prioridad a la lista y escribiendo un plan para lograr cada tarea.

"Los planes no son nada; la planificación lo es todo."
-Dwight D. Eisenhower

CAPITULO 2

Reprogramando nuestro Pensamiento para Lograr el Éxito

Como seres humanos, hemos evolucionado hasta el punto de que poseemos mentes altamente sofisticadas. Pero sigue existiendo la posibilidad de que mucha reacción instintiva residual y en todos nosotros. Es importante apartarse de nuestro cerebro primitivo y usar nuestras mentes más avanzadas, desarrollo de una manera disciplinada. Para desarrollar nuestras mentes de una manera más disciplinada, vamos a empezar por poner a un lado nuestras emociones, identificar y enumerar las tareas de nuestra vida que son obligatorias, impuestas o voluntarias. Daremos prioridad a la lista y escribir un plan para llevar a cabo cada una de las tareas identificadas / inscritas. El plan debe ser creado con una mentalidad que esté libre de influencias emocionales. ¿Vamos a tener éxito en el logro de todas las tareas que nos identificamos? Obviamente, no vamos a ser capaces de cumplir todas las tareas. Pero éste no nos da la licencia para descartar una tarea tan inalcanzable.

Uno de los obstáculos más importantes que muchos de nosotros carecemos es el tiempo. Muchas personas que observo tienen habilidades de administración de tiempo terribles. Manejando el tiempo es un paso sencillo y lógico, y un gran ejemplo de cómo las emociones pueden ponerse en el camino de nuestro éxito. Queremos lograr mucho, pero si no hay tiempo corremos el riesgo de agravar la carga de las tareas no resueltas. No queremos que estos en nuestro registro de cada día, ya que son obligaciones para el éxito. Priorizando nuestras tareas es un paso esencial para administración del tiempo con cuidado.

Cualquier persona con un otro significativo probablemente conoce el valor de la sincronización de las prioridades y trabajar juntos hacia un resultado compartido. Ejemplos incluyen alistando sus niños para la escuela, avanzando en su carrera, alcanzar la independencia financiera, y trabajar hacia el retiro. Identificando las tareas que necesitamos para cumplir, aplicando habilidades de administración de tiempo, cuidadosamente planeando, y la identificación de los recursos necesarios para alcanzar tareas componentes que son esenciales para el éxito.

Es importante enfrentar a cada tarea una por una, y que no se desanime si no somos exitosos. Un error que muchos de nosotros hacemos es pensar que el fracaso de un plan determinará el éxito o el fracaso de otro plan.

No podemos lógicamente concluir que no hay otros variables que influyan en que no consideramos cuando diseñamos nuestro plan. En cambio, es importante aprender de nuestros fracasos y analizar los obstáculos imprevisibles como lo que son. El fracaso puede proporcionar la mejor oportunidad para la perspectiva. Esta es una oportunidad de aprendizaje crucial, y vale la pena repetirlo.

El fracaso proporciona perspectiva.

Perspectiva puede hacernos más conscientes de las limitaciones de nuestro plan previo, que pueden ayudar a reescribir el plan y mejorar nuestra probabilidad de éxito en el futuro.

No hay garantías. Pastel-en-el-cielo forma de pensamientos se deja a aquellos que sostienen con firmeza a una mente poco desarrollada. Cuando apliqué a la universidad, donde había sesenta puestos en el estado para los estudiantes de terapia física. Había miles de candidatos a estos lugares anteriores. Yo no lo logre en mi primer año; Me dieron la carta que todos temen. *Lo sentimos para informarle...*

Pero yo no lo tome esto como un fracaso. Estaba determinado a reagruparme. Reconocí los retos que aprendí de la experiencia previa. Preparé mi aplicación antes y visité la escuela que estaba solicitando. Hablé con la personal facultad y de oficina y saqué de esa experiencia. Tomé un trabajo como consejero para los niños pequeños con problemas, y con el tiempo fue revelada una verdadera oportunidad para mí ... me encontré con mi compañera del alma, que fue consejera que trabajaba con hacer frente a las necesidades de los jóvenes y jóvenes con problemas. Poco a poco, he desarrollado habilidades que me ayudaron

en mi campo elegido. Pasé un año trabajando para desarrollar mi paquete de admisión. Al mismo tiempo crecí personalmente y profesionalmente. El retraso en el crecimiento académico me dio la oportunidad de desarrollarme como persona. Usé lo que aprendí por primera vez a través de la construcción de relaciones y obteniendo conocimientos sobre lo que podría hacer para mejorar mis posibilidades de admisión. Tomé el trabajo que complementaría mi campo elegido y con el tiempo me volví a aplicar. Yo era diligente e implacable y usé mi primer intento fallido como una plataforma para el éxito.

Con frecuencia yo me pregunto qué habría pasado si yo hubiera aceptado el rechazo. Me hubiera dejado que el viento apagara de mi navegación y seguir un camino diferente. Yo no estaría donde estoy hoy; mi familia no tendría las oportunidades que ahora poseen. Mi vida hubiera seguido un camino diferente.

Esta idea de reprogramar nuestro pensamiento y ser dirigido por la lógica se puede aplicar en todas las áreas de la vida. Puede ser aplicado con las estrategias de inversión, nuestra visión de las relaciones, y nuestro crecimiento como seres humanos. Una parte integral de tomar un enfoque lógico es tener una comprensión de cómo aprender de los fracasos del pasado. Esto se puede aplicar a lo largo de nuestras vidas.

Por ejemplo, una de las tareas potenciales podríamos enumerar es la construcción de una relación más fuerte con un ser querido. Podríamos diseñar un plan y escribirlo. Se puede incluir pasar más tiempo con nuestra pareja y la elección de ser desinteresado. Después de que aplicamos nuestro plan para nuestra relación, podemos evaluar de manera objetiva la relación y volver a evaluar después de unas semanas. Imaginémonos que nuestros esfuerzos no nos llevan a ninguna mejora significativa. Si esto es cierto, habríamos fracasado en la obtención de nuestro objetivo. Pero habríamos tenido éxito en ganar perspectiva, y este es un recurso valioso.

Imagínese que, en lugar de agonizar sobre nuestro fracaso, decidamos reequipar nuestro plan mediante la adición de técnicas para mejorar nuestras posibilidades de éxito. Volvemos a escribir los acercamientos que usamos para evaluar sus méritos en el logro de nuestra meta. Pero imaginemos que hemos descuidado algo; una barrera imprevista que vino a nosotros cuando hicimos nuestro intento. Nuestros seres queridos también tienen tiempo limitado y dedica gran parte de ella a un hobby que no tiene nada que ver con usted. En cambio, de revolcarse en el fracaso, volvemos a escribir nuestro plan. Nos comprometemos para pasar más tiempo con nuestra pareja, ser menos egoístas en nuestra conversación, e incluso tomar el hobby disfrutado por nuestra pareja. Aplicamos nuestro nuevo plan y lo reevaluamos con el tiempo. Si tiene éxito, seguimos aplicando los principios del plan. Si no tiene éxito, utilizamos nuestro fracaso para lograr una mejor perspectiva. Nosotros rediseñamos el plan e intentaremos de nuevo. Si no hay barreras identificables, el único obstáculo podría ser el tiempo. Si la variable que resultó en nuestra tarea no estando completada por el tiempo, podemos volver a intentar el mismo plan en una fecha posterior. O el obstáculo puede ser un asunto de no permitir suficiente tiempo que debe pasar para tener un impacto. En este caso, el camino lógico podría ser la de seguir adelante, continuando a lo largo del presente plan y reevaluándolo en unas cuantas semanas más. Una cosa acerca de las relaciones es que es importante fijarse en las barreras por dentro.

Con esto en mente, ¿cómo usted va a empezar a re-programar su mente? ¿Va a reaccionar emocionalmente o se va a organizar, planificar, analizar y reexaminar? Puede usted mirar a algo que parece imposible y de-construir los elementos con bases sencillas - tareas - que lograran hasta que se cumpla el objetivo. El hecho es que la gente acepte los retos con la mentalidad diariamente. Considere la posibilidad de una madre soltera regresando a la escuela para terminar su educación, o un padre sin educación que tiene tres hijos e hijas tratando de aprender a invertirse con éxito, o un adicto sintiéndose de abajo dejar la sustancia y apartándose de una adicción y hacia su familia, no dejándolo tener la fuerza para las relaciones sanas.

"El fracaso es un lente más fuerte de bajo en que podemos ver más claro a un resultado en el futuro más exitoso."
-DrFrankLayman

CAPITULO 3

Identificando las Barreras No Identificadas

Puede ser que hay barreras no identificadas que puedan impedir el éxito. Cuando este es el caso, es importante moverse rápidamente o arriesgarse a hacer un intento de tontos que sólo se reunirá con el fracaso y la decepción. intentos insensatos han obligado a muchas personas a renunciar muy pronto y han llevado a muchas personas a perder potencialmente a cabo en un ganador.

Cuando los investigadores planean un experimento científico, que dependen en gran medida del método científico. En el método científico, la observación se hace y se desarrolla una suposición acerca de esa hipótesis. La hipótesis se crea y se prueba, y los resultados se analizaron estadísticamente. Si los resultados no son lo suficientemente fuertes, los datos muestran un falso negativo, y se podría convertirse claro que el investigador puede haber perdido un ganador. En el caso de que los datos estén corrompidos, el investigador puede interpretar los resultados no relacionados, y falsamente relaciones de atributos que no lo han realmente existan. El peor escenario es que un investigador accidentalmente respalde a un perdedor. Por lo tanto, podemos aprender de esta aplicación objetiva del método científico y aprender a hacer las mismas determinaciones en nuestra vida. Sin embargo, es importante ser consciente por primera vez de estas trampas.

Al pensar en hacer frente a nuestra tarea lógicamente, consideré mis días en la clase de Ciencias Computacionales. Pensé en mi tiempo enla universidad, tomando Estadística y diseño de investigación, así como los muchos pacientes que he tratado de ayudar a lo largo de los años.

Con esto como contexto, yo invente un método para ayudar a loslectores a imaginar de este concepto y aplicarlo prácticamente en su vida diaria.

El formulario abajo se puede utilizar de forma universal. Cuando se aplica con regularidad, le ayudará a entrenar a la mente para pensar de manera más lógica. Con el tiempo, el proceso no tendrá que ser escrito a cabo. El camino hacia un pensamiento lógico y resolución de problemas se desarrollará de forma automática.

Tarea	Plan	Logrado SÍ	Logrado No	Revisar Plan	Logrado SÍ	Logrado No
Mandatorio						
Impuesto						
Voluntario						

Esta gráfica es una ayuda visual efectiva. Debe ser utilizado para escribir su tarea, diseñar un plan para hacer frente a cada tarea, y crear las revisiones después de ganar perspectiva desde el primer intento, si no provee resolución. Este proceso le ayudará a desarrollar habilidades que pueden ayudarle durante toda su vida. Se aclara cómo acercarse a las tareas diarias, y dará la capacidad a cómo lograr su mejor posibilidad. Este proceso de cambio de vida podrá alterar fundamentalmente su perspectiva. Es un método simple para reprogramar nuestro pensamiento y alcanzar el éxito.

Piénsalo. ¿Si fueras a dirigir una reunión, que no tendría usted una agenda? Del mismo modo que un maestro tiene un plan de estudios y un piloto tiene una lista de chequeo de vuelo, siguiendo un método específico es esencial para la construcción del éxito. ¿Cómo podemos lograr el éxito? ¿Llega el éxito de un solo jonrón o se trata de un producto de varios sencillos agrupados juntos? Mi teoría es que el éxito es el resultado de proceso de composición. Se aprende cómo desarrollar sus habilidades de pensamiento lógico y romper la tarea en metas individuales. Desde ahí, se puede desarrollar un plan que requiere paciencia y vigilancia, trabajando duro para alcanzar sus metas. En cuanto encuentres el éxito, se crearán oportunidades adicionales para construir. Su éxito va a crecer de forma exponencial a partir de estos éxitos iniciales.

En muchos casos, esas barreras no identificadas para el éxito sean externos. Por ejemplo, tuve una experiencia en mi carrera en la cual varios socios de negocios conspiraron en mi contra. La plataforma estaba definitivamente en contra de mí, y mis socios ganaron esa batalla. Yo estaba devastada por este resultado, y en la forma negativa que me trataron. Al final, me pusieron en un resultado potencialmente grave para mí y para mi familia. ¿Alguna vez has estado en una situación en la cual la plataforma esta contra de usted, y su empleador lo despide después de años de servicio leal? ¿O usted ha estado en una situación en la cual un ser querido se camina afuera de su vida?

Para muchos de nosotros, somos vulnerables por la causa de nuestras emociones. Nos dejan constantemente propensos a una sensación de pérdida devastadora. Sin embargo, es esencial que perseveramos en la cara de estos obstáculos. Debemos reagruparnos cuando sufrimos pérdidas debido a factores exteriores fuera de nuestro control. Hay que seguir aprendiendo de estos eventos, y utilizarlos para rediseñar y pulirnos a nosotros mismos en la mejor versión posible futuro de nosotros. La versión más exitosa de nosotros mismos viene al pulir lo que tenemos. La mayoría de nosotros nos definimos por la forma en que nos preparamos y de las oportunidades perdidas, decepciones y fracasos.

Yo estoy familiarizado con este tipo de decepciones. Los he sufrido en mis negocios, y he tenido que empezar de nuevo como resultado. Pero tenía un sentido más claro de cómo yo quería un negocio funcionara a partir de estas experiencias. Yo sabía con y en que quería estar involucrado, y cuál es la visión que quería en su lugar. Las lecciones aprendidas son valiosas perspectivas adquiridas de derrotas y decepciones del pasado.

En conclusión, es que los pensadores lógicos intentan de explorar objetivamente todas las barreras posibles para que no afecten en el cumplimiento de una tarea o meta y eliminarlos. Están conscientes de que, a veces, puede haber unas barreras que no son fáciles de identificar. Alguien puede ser engaño, conspirando para derrotarlo a usted, o difamar. La competencia en su industria puede moverse adentro y cerca, las regulaciones federales pueden cambiar, y de repente el panorama se puede hacer competitivo cambiado para siempre. Cómo usted se ajusta en estos contratiempos definirá su perspectiva y su éxito eventual.

Desafortunadamente, las políticas abundan en todas las facetas de nuestras vidas. Hay tarifas ocultas y contratos llenos de jerga legal. Nuestro intento como pensadores lógicos para superar estos retos incluyen: 1) el reconocimiento de la existencia de barreras ocultas, 2) la preparación sistemática para superarlos y, 3) creando un plan para abordarlos de frente. Si ellos no pueden ser abordados, debemos crecer a partir de ellos, y evitar que se dictan de nuestras futuras oportunidades de éxito.

No importa cuáles son sus metas o cómo se define el éxito, una cosa que va a mejorar su probabilidad de éxito es la identificación de las tareas componentes necesarios para lograr su objetivo. Esto incluye la identificación de las barreras en su camino, que son evidentes y las que están ocultos. Desde ahí, se aplica una pantalla de pensamiento lógico para el proceso. Si usted trabaja constantemente y utilizar y de sus recursos, y aprende de sus errores por el camino, con el tiempo encontrarás el éxito que anhelas.

"Algunas personas sueñan con éxito, mientras que otros se despiertan y trabajan duro en ello."
-Winston Churchill

Pensamiento Lógico como un Medio de Disminuir los Comportamientos Autodestructivos

Nosotros tenemos muchas experiencias que pasamos y que construyen nuestro concepto de sí mismo. La mayoría de nosotros somos culpables de participar en actividades autodestructivas. Usted se ha perdido una oportunidad socialmente; se ha encontrado haciendo algo en exceso; terminó no tomando un proyecto para el trabajo o la escuela más en serio; _____? El espacio en blanco es para que usted llene en su conducta autodestructiva reconocido. Reconociendo las tendencias emocionales asociadas con conductas como estas que toman un enfoque secuencial lógico que ilumina y la eliminación de ellos. ¿Cómo podemos tener éxito si estamos saboteándonos a nosotros mismos? He desarrollado y es propiedad de unas pocas empresas como he mencionado, y he tenido la oportunidad de entrevistar a personas de distintas posiciones dentro de estas compañías. Siempre me sorprende la forma en que todos podemos caer en la trampa de la autodestrucción. Algunos vienen a la entrevista tarde; otros no están vestidos apropiadamente para una entrevista; muchos muestran falta de preparación para la entrevista al no tomar tiempo para entender las necesidades del negocio o el puesto disponible. Muchos candidatos no hacen el contacto visual o proveen un resumen no actualizado. He descubierto que es el caso durante una de las crisis económicas más severas y mayores tasas de desempleo en la historia reciente. Al entrevistar a los candidatos como estos, me preguntaba cómo esta persona había llegado a un punto donde se dio un giro de 180 grados con respecto a su meta prevista.

Ya he ofrecido un vistazo en mi progreso en el servicio militar, empresario, como hombre de familia, y un piloto. Empecé en algún lugar y eso estuvo en la parte más inferior desde abajo. Así que cuando veo a tanta gente haciendo mis mismos errores iniciales, sé que puedo ayudarles. Espero que esto es lo este libro va a hacer. Pero en un escenario como este, yo soy el entrevistador y mi rol es decidir sobre el mejor candidato. Sólo puedo mirar con el honor y ver el choque de trenes que siguió estando escrito por alguien que necesita desesperadamente para hacer una buena impresión, pero no ha podido hacerlo.

Cuando nos presentamos en público, es importante entender cómo lo estamos haciendo. ¿Perdemos rápidamente nuestra identidad o estamos observando nuestro medio ambiente y nosotros mismos permitiendo la ventaja de estas observaciones para hacer una mayor impresión? ¿Estamos en control de nuestro lenguaje corporal y expresiones faciales? Al igual que contestar un teléfono celular durante una entrevista proyecta una impresión negativa, también estando agachado, teniendo las manos en los bolsillos o soñar despierto.

¿Cómo puede usar lo que ya han aprendido de este libro y aplicarlo a hacer una mejor impresión? Obtener un sentido de sí mismo y recoger en las señales sociales de otros para darnos perspectiva es un comportamiento aprendido. Este comportamiento se puede desarrollar en todos nosotros a través de la adhesión a un enfoque de pensamiento lógico. Un ejemplo de pruebas de esta teoría hace que sea más fácil de entender. En primer lugar, trate de ir a una entrevista sin preparación. A continuación, practicar sus habilidades de entrevista y poner a punto su lenguaje corporal y expresiones faciales. Identificar y evitar cualquier comportamiento destructivo, y tomar estas habilidades de nuevo a una segunda entrevista de trabajo. No siempre se puede hacer el trabajo, pero que sin duda hacer una mejor impresión.

Algunos consejos entrevistas de trabajo adicionales pueden ser útiles. Aprender a leer a la gente, al igual que usted está siendo leído. Intente recoger las señales que se transportan por la postura de una persona, la expresión facial y el tono de voz para ayudar a ajustar su enfoque. Recuerde tomar el terreno elevado al leer las señales físicas. normalmente trabajamos para leer las señales con el fin de relacionarse con ellos.

Por ejemplo, imaginemos que Kal va para una entrevista de trabajo. Pero hay un mejor candidato que obtiene el trabajo. Sin embargo, el resumen de Kal se archiva y se pone en contacto con otra oportunidad cuando surge. La impresión que producía y el seguimiento

impresión será fundamental para determinar si es o no estará recibiendo la posición. ¿Qué consejo crees que vale la pena en este caso? ¿Qué tipo de impresión debe estar haciendo Kal? ¿Cómo debería trabajar para acercarse a su objetivo, y con ello, más cercano a un más exitoso?

Daniel Goleman habla extensamente sobre el tema de la inteligencia emocional y la asocia con el éxito de una manera que complementa este mensaje. Voy a proporcionar una lista de libros para ayudarle en su viaje para ayudarle a desarrollar usted mismo de una manera integral. Quiero que utilice estos libros como un recurso para sus habilidades de pensamiento racional. Ha habido un debate en el cual el trabajo de Goleman sobre la inteligencia emocional ha sido comparado con la inteligencia natural.

Lógicamente, no puedo imaginar un argumento más tonto. Esto es algo como la resolución de un problema de matemáticas - si les pidiera a diez personas para desarrollar una fórmula con un resultado de nueve años, yo esperaría a ver algunos que añaden, algunos que sustrae, otros que se habían multiplicado o dividido, y algunos que crean variaciones y fórmulas complejas. Mientras que el resultado fue de nueve, cómo alcanzaron ese fin puede haber sido diferente, pero igualmente correcta.

Mi humilde opinión es que hay muchas personas emocionalmente inteligentes y socialmente ajustados y exitosos. También hay personas con las mismas calidades que no tienen éxito. Cuando estamos tratando de desarrollar alguna para reprogramar a armarlos ¿No sería más probable para un mejor resultado si utilizamos los mejores enfoques posibles?

Es importante preguntarse cómo continuamos creciendo si ya poseemos la inteligencia emocional. En este caso, todavía a cumplirse en otras áreas para que pueda haber menos equipaje que actúa como una barrera. Lo mismo es verdad de la persona con un alto coeficiente intelectual. Estoy muy logrado académicamente y lo he quedado cortos social e me ha costado una medida de éxito, entonces sé es necesario que haya esa área que dedico tiempo en desarrollo.

Utilizando un recurso como concepto de inteligencia emocional de Goleman es beneficioso y sé que cuanto más desarrollo mi IQ cuanto más puedo progresar mi éxito y mi carrera. Pero estos son apenas componentes que, a través del pensamiento lógico, podríamos mejorar de nuestra probabilidad de un resultado más positivo mediante la autoevaluación y el desarrollo.

Yo le aconsejaría mirar su vida como un pastel. Por dentro del pastel representan las cosas importantes para usted mismo y para ser bien balanceado en aspectos. Los ejemplos pueden incluir la espiritualidad, la humanidad, la inteligencia, una vida social, condición física, y las relaciones. Ahora coloca el pastel en una línea con la línea que representa un continuo. El tamaño del éxito debe indicar la proporción deseada de cada variable, y el compromiso de tiempo deseado para cada uno. ¿En caso de que el desarrollo profesional sea mayor que la familia o las relaciones románticas?

No estoy predicando, pero había veces en mi vida que trabajan en un título o la construcción de un negocio tomó más tiempo que mi relación con mi familia. Pero mi objetivo siempre fue el de tener más tiempo con mi familia.
Al invertir en mi éxito profesional, yo estaba trabajando para dar a mi familia una vida mejor.

Estos ejercicios nos ayudan a calcular dónde estamos y donde queremos estar. Ellos nos permiten tomar nuestra temperatura cuando las cosas no van bien, y volvamos a lo que pensábamos era importante al restablecer nuestras prioridades. Las metas son esenciales para el éxito. Entender cómo disminuir esos objetivos con el fin de llegar a ellos y tener una comprensión realista del compromiso necesario para alcanzarlos es lo que el pensamiento lógico nos ayudará a hacerlo. He oído tantos consejos sobre el establecimiento de metas, y esto está bien. Pero, ¿Qué ocurre si no tenemos las herramientas para alcanzar nuestras metas? ¿Qué pasa si no somos capaces de ver lo que esas herramientas son o qué barreras estamos pueden encontrarse? Sin las herramientas y los recursos necesarios, estamos apostando en el éxito en lugar de planificar para ello. Esto disminuye la probabilidad de alcanzarlos.

Como un ejemplo, trata de navegar por una zona desconocida en la oscuridad. ¿Qué se puede esperar que el resultado sea? La etapa de mayor crecimiento intelectual de nuestra historia fue el siglo de las luces. Fue durante este tiempo que la humanidad aplica el de las herramientas de la razón para hacer frente a sus mayores debilidades. Esto renovó el curso de la humanidad, y condujo al desarrollo de ideas y habilidades de los que dependemos para el día de hoy.

El hecho es que cuando las personas se entrenan, por lo general entrenan a sus puntos fuertes. En cambio, es importante para mejorar nosotros mismos y de una manera bien equilibrada. Es importante esforzarse por ser bien balanceada a través del trabajo duro. No intente

cortar esquinas o pensar acerca de los puntos fuertes que desea o anhela tener. Establezca metas y empezar a planificar a través del trabajo y determinación. ¿Alguna vez has conocido a alguien tan inteligente que tienen de socialización problemas? O ¿Has conocido a alguien tan atractivo que estaban desprovistos de una conversación inteligente?

Vale la pena preguntarse cuánto tiempo que dedican a sus debilidades. Si la socialización es difícil para usted, ¿Qué esfuerzos se han realizado para cambiar? Si usted pasa tiempo infinito de desarrollar su conocimiento de la cultura pop en lugar de su intelecto y eventos actuales de conocimiento general, lo duro que Estás trabajando de mejorar tus habilidades en el trabajo?

Es siempre una buena idea para reflejar de manera objetiva y tomar la acción apropiada. Si hay atributos mutuamente beneficiosos se puede trabajar en, por cualquier medio, estar listos para luchar la lucha en múltiples frentes.

Esto amplificará la eficacia de sus esfuerzos y cultiva mejores posibilidades de que el resultado deseado. De esta manera, mejorar notablemente la inteligencia emocional, su intelecto crudo, y su proceso de pensamiento lógico aumenta las posibilidades de éxito.

Confié en el hecho de que puede cambiar. Usted puede invertir este esfuerzo en sí mismo y tener éxito. No pongan en su propio camino. Aprende de la intención del mensaje de este libro comenzando por cosas pequeñas y el comienzo mejoramiento de sí mismo. Tome tiempo para uno mismo reflexionar y evaluar de una manera más objetiva.

Las posiciones de liderazgo que he ocupado durante toda mi carrera permiten evaluaciones anuales de otros profesionales. Verdaderos profesionales tienen un sentido de sus debilidades y crean un plan para hacer frente a ellos. Teniendo un proceso formal ayuda a organizar las deficiencias y permite el intercambio de ideas para desarrollar un plan. ¿Con qué frecuencia estamos haciendo por nosotros mismos? ¿Con qué frecuencia estamos siendo objetivos y aplicando alguna medida a lo que estamos haciendo bien? Pocos de nosotros realmente tomamos el tiempo para hacer frente a las áreas en las que podemos mejorar y crean un plan que nos apunta en la dirección del éxito. Utilizamos generalmente metas anuales como un camino hacia el éxito. Pero yo recomendaría creando semanales, mensuales, trimestrales y anuales para los propósitos metas de corto alcance. Desde ahí, es útil para establecer metas a alcanzar en cinco años, diez años, y retiros.

Confía en ti mismo y establece oportunidades de éxito. No deje que sus emociones estén en su camino. Se objetivo al evaluarte a ti mismo y esforzarse constantemente para mejorar. Tenga un plan y establece metas, y dejar que sus éxitos se acumulen unos sobre otros. Empiece poco a poco y dejar que crezcan sus los logros. Eventualmente esto va a crear un efecto bolo de nieve, ganando en tamaño y velocidad mientras se progresa y gana fuerza.

"Auto-confianza es el primer secreto del éxito."
-Ralph Waldo Emerson

Qué mejor que ganar confianza en sí mismo que a través de un acercamiento lógico. ¿Podemos encontrar verdaderamente auto-confianza con nuestras emociones? Nuestras emociones tienden establecer bloqueos de carreteras en nuestro camino hacia el éxito. ¿Cuál sería el mejor enfoque para tratar con alguien que da latigazos en contra de usted, o que hayan sido lastimados por sus acciones? Este escenario es probable que conduzca a una relación dañada, incluso en el caso de un amigo de toda la vida. Un amigo que está lastimados por sus acciones y arremete contra ti es probable que lleve a responder emocionalmente. Usted puede responder al escuchar a su amigo y aceptar lo que digan como impulsado por las emociones. Usted puede incluso optar por demostrar misericordia. Es importante no dejar que otra persona es el impacto estado emocional de su proceso de pensamiento o cómo se defines a ti mismo. Confianza en sí mismo a través del pensamiento lógico proporciona un medio para mejorar la autoestima. Disminuye dudas sobre sí mismo, y ayuda a crear una relación constructiva reflexiva.

"Aun el necio, cuando se calla, es contado por sabio; y el que cierra sus labios es el hombre de entendimiento."
-Proverbios 17: 28

Yo realmente creo en el mensaje del proverbio, mientras que la palabra tonto podría ser evitada. Sin embargo, esto podría ser una cuestión de la traducción, a través del cual ello describe una persona emocional. En cualquier situación altamente cargada, vale la pena tener en cuenta, lógicamente, lo que se dice, quién lo dice, y lo que la motivación de la persona es. Trabaje para despojar el mensaje de las palabras desde sus expresiones emocional. Considere cómo se relaciona con los motivos de aquellos que están diciendo ellos y contemple una respuesta antes de entregarlo. Monitorice la respuesta observando el lenguaje corporal y tonos vocales. Estos pasos lógicos pueden beneficiar a cualquier situación cargada de emociones.

"El éxito con el dinero, familia, relaciones, salud, y las carreras es la habilidad para alcanzar sus objetivos personales en el menor tiempo y con el menor esfuerzo y con las estrategias que usted elige se convierte en su modelo o el plan. Las estrategias son como recetas: escoge derecho los ingredientes, mezclarlos en las proporciones correctas, y siempre se producirán los mismos resultados predecibles: en este caso el éxito financiero."
-Charles J. Givens

Pensamiento Lógico como un Medio para Alterar Perspectiva e Influenciar el Comportamiento

L a perspectiva comúnmente es conducida nuestras emociones. Hemos identificado ya esto una perspectiva emocional al ajuste de objetivo es contraproducente. Cuando yo estaba en el colegio, 1 a menudo observaba como los estados emocionales cambiaron la perspectiva. Este a menudo influía en comportamientos, con el resultado que es 180 grados del resultado intencionado. Un ejemplo clásico está relacionado con la preparación para exámenes. El plan parece obvio; averigüe cuanto tiempo allí debe prepararse para el examen, tiempo de lista para prepararse, revisar notas del profesor, estudio leyendo el material, organizar grupos de estudio, y tomar pruebas fingidas. El estudiante medio podría tener una carga de curso llena y semestres múltiples de la experiencia, y todavía no prepararse como apropiadamente. En cambio, el estudiante medio no podría hacer caso del horario dado para la prueba, aplazando hasta que su espalda sea a la pared. Como adultos, la mayor parte de nosotros han realizado que la dilación resulta del pensamiento defectuoso. Estos individuos se acercan a la tarea emocionalmente, que conduce a la procrastinarían. Esto representa un cambio de comportamiento y anima al individuo a abrazar distracciones, hasta la noche antes de la prueba cuando el pánico se pone en. Esto conduce a estudiantes que estudian en un estado emocional, que no es conducente a aprendizaje y éxito.

La ansiedad tiene impactos fisiológicos que pueden causar perturbaciones de sueño y disminuir la capacidad de una persona de concentrarse. Éstos no son atributos que están típicamente relacionados con el éxito.

El estudiante en este ejemplo comienza a estofarse y estudiar rápido para un examen, que es un método ineficaz nacida de la desesperación. Por supuesto, el enfoque emocional no va a llevar a alguien a convertirse en un sujeto experto. Es probable que conducen a una espiral de pensamiento emocional que impacta nuestra perspectiva e influye negativamente en nuestra conducta. De esta manera, se establece el escenario para el fracaso. Este estado de falla no es una perspectiva desde la que podemos ganar, por lo que ser cautelosos y evitar estos lazos emocionales.

Cuál de estos dos enfoques: el lógico o emocional - ¿Es más probable que resulte en la tarea de resolución? ¿El enfoque que aumenta la posibilidad de fracaso? La respuesta parece obvia. Porque los estados emocionales están en juego se convierte en un camino común que estamos y va a pasear una y otra vez. Esto representa una trampa que sabemos que existe, sin embargo, caemos en una y otra vez a lo largo de nuestras vidas.

Hay muchas razones posibles para este modelo. Hemos observado esta respuesta emocional en nuestros padres y han adoptado subconscientemente. Podríamos haber sido influenciado por nuestros compañeros. O este patrón puede ser parte de nuestra innata sensibilidad, un subproducto de nuestros cerebros primordial nos confirió a través de los eones de la evolución. Quiero afirmar que todos estos factores contribuyen, y es por eso que estamos y va a referirse a estos ejemplos y por qué somos y culpables de ser atraídos a este enfoque. En medicina, que habitualmente se ejecutan mediante una respuesta fisiológica en nuestro cuerpo que produce un bucle de realimentación negativa. Por ejemplo, una persona se convierte de su tobillo que conduce a la inflamación. La inflamación es una respuesta fisiológica del cuerpo que pueden causar más daño a los ligamentos. El cuerpo crea una reacción exagerada que amplifica los daños. Abordamos la hinchazón con hielo o medicamentos antiinflamatorios para detener el proceso destructivo. Nuestras respuestas emocionales a menudo causan estos tipos de bucles de realimentación negativa.

Imagínese que crezco frustrado y enojado porque no estoy donde esperaba estar en mi carrera. Si este fuera el caso, yo podría iniciar un camino que se articula en una espiral autodestructiva. Esto incluiría aísla a los que amo, comer demasiado, beber en exceso o abuso de sustancias adicionales. Antes de que lo sepa, yo he caído aún más lejos de mis objetivos profesionales.

La Terapia Cognitiva-De Comportamiento se basa en el entendimiento y el aprovechamiento de reacciones emocionales y de comportamiento. Esto también está en mi lista de lectura recomendada y tiene su lugar en el debate. 1 No estoy abogando por que alguien vaya a través de este tipo de terapia. Simplemente estoy sugiriendo que estos conceptos son favorables a este enfoque. Quiero agregar que soy una firme defensora de la obtención de ayuda de profesionales. Como profesional, sé cuán importante es buscar ayuda profesional, a veces, y cómo una oportunidad perdida puede tener un efecto de avalancha en la vida de una persona. No estoy abogando por una terapia psicológica para todos. Hay muchos tipos de terapias y un tamaño no sirve para todos. Soy un gran creyente de que la terapia puede tener un efecto acumulativo. En otras palabras, simplemente tomando el medicamento es probable que no sea tan eficaz como el medicamento en combinación con consejería. Aproximadamente el 11% de los estadounidenses toman regularmente los anti-depresivos. Más analgésicos recetados son consumidos en los Estados Unidos que en cualquier otra parte del mundo. Farmacología por sí sola no es una solución.

Soy ecléctico en mi planteamiento a mi propio desarrollo y quiero que vea los beneficios de la investigación comparativa.

El enfoque emocional es universal, cruzando las clases sociales, culturales y étnicos. Personas que han salido de la postura emocional y se han convertido en exitosos, no pueden ver la relación en la forma en que ellos creen. Hay un impacto sobre nuestra forma de pensar a nuestra perspectiva y, en última instancia, nuestro comportamiento. Existen métodos de pensamiento que tienen más éxito que otros. A través de mis experiencias y de mi constante deseo de tener éxito, mi reflexión sobre mis éxitos y fracasos pasados y mi intento de ayudar a rehabilitar a las personas de lesiones, yo creo que de manera inequívoca el pensamiento lógico puede establecer con nosotros en un curso de éxito en todas las áreas de nuestra vida.

He sido a veces culpable de pensamiento emocional como nadie. He sentido los golpes de los fracasos que siguieron. Esas fallas desarrollado mi perspectiva que eso es el conocimiento que desesperadamente quiero compartir con usted, para que usted pueda aprender y evitar algunas de las dificultades de mi vida, tales como la pérdida de oportunidades, empresas fracasadas, y relaciones fracasadas.

Una de las primeras oportunidades que tuve para desarrollar una perspectiva de pensamiento lógico, cuando fui a la universidad. Yo no tenía idea de qué esperar. No hay expectativas de mí y nadie me podía girar para obtener experiencia. Tuve un amante y apoyar a la familia, pero no me pudieron ayudar. He tenido un comienzo incierto en la universidad. Yo sabía que quería ir a la universidad. pero no hasta que yo era una junior en la escuela secundaria. Desgraciadamente, yo no estaba preparada y había clases marginales que eran producto de una mala ética de trabajo. Yo también he jugado deportes y realizó varios trabajos. Mis padres no estaban en condiciones de ayudarme financieramente. He trabajado duro por el salario mínimo y aprendí mi primera lección valiosa: no priorizar la gratificación a corto plazo a través de maximizar el potencial a largo plazo. Dicho simplemente, he aprendido a no perder tiempo haciendo peniques cuando yo debería estar preparándose para hacer dólares. Por el momento he alcanzado mi penúltimo año, yo no había tomado la pre-SAT. y yo estaba ganando grados marginales a través de no estudiar. En definitiva, yo sabía muy poco acerca de ser un estudiante y menos acerca de lo que un buen colegio o universidad quería de sus solicitantes. Mi consejero me aconsejó ir a los militares (que yo finalmente lo hizo, pero en mis propios términos, y más tarde en mi vida). Lo hice saber para ser escépticos y buscó otro consejero de orientación. Este tuvo un poco más de tiempo y me dijo que era muy inteligente, pero eso no fue suficiente para alcanzar el éxito en la universidad. Me dijo que no tenía las calificaciones para ir a la universidad que quería asistir, y que costaría mucho más que una escuela pública. Dijo que si no me llegan a la universidad tuve que entender que todo lo que yo no contaría. Cuando llegué a la universidad, yo estaba seguro de buscar un asesor, pasar tiempo con cada profesor, estudiar todos los días, y asistir a cada sesión de estudio adicional ofrecido. Fui al centro de recursos en el colegio para obtener ayuda adicional. Aparte de correr, levantar pesas, y trabajo en el campus (confía en mí, nada es más motivador luego de estar en una escuela privada con compañeros conduciendo coches vale más que la casa de su familia mientras trabaja en la cafetería, lavar sus platos), constantemente he estudiado. He reafirmado mi meta y yo firme hasta ser más dedicados. Yo mismo me concentré en averiguar cuáles son los componentes de un exitoso estudiante fueron y me modeló el comportamiento. Pensé en mi consejero de orientación a menudo, que se tomaron el tiempo para Explícame lo que me puede pasar ahora - se puede hacer las cosas que desea hacer si ve el proceso, dividir la tarea en trozos, y crear un plan obtenga ayuda. Terminé el año en la Lista del Decano y fue capaz de transferir a una escuela que exige una ética del trabajo académico. Entonces tomé esas experiencias y comenzó lógicamente el pensamiento y la planificación del trabajo para obtener las calificaciones necesarias para llegar a mi carrera elegida. Esta vez estaba mejor preparado. Yo tenía todavía mucho que aprender y yo sería finalmente agobiado por una gran cantidad de prohibiciones de estudiante. Fui a pagar ellos al fuera a comprar una casa, invertir en mi retiro, y el desarrollo de varias empresas y propiedades de inversión. Obtuve mi licencia de piloto, sirvió en las fuerzas armadas, y tienen una increíble familia. Yo no tenía una pista construida para mí. Hice recoger la pala y sigo trabajando para mejorar y esforzarse para conseguir mejor. Yo tenía más golpes duros y yo no dejo que mis emociones se interpongan en el camino a veces. Este es un proceso que dura toda la vida y se toma tiempo para desarrollarse. Ahora que tengo hijos, creo que una ventaja habría sido tener este proceso desarrollado en mí cuando mi mente era flexible y no de manera fija como lo fue durante mi adolescencia.

¿Cuánto gastan los padres sobre temas artilugios para dar a sus hijos una ventaja? Aquí es una gran ventaja para darles - Tome tiempo para desarrollarte. Mejorar tu IQ avanzar su inteligencia emocional, abordar asuntos pasados que están creando conductas no adaptativas y mejorar el pensamiento lógico. Tome el tiempo para entender cómo funcionan las cosas y compartir sus intentos fallidos y éxitos con su hijo. Pensar en el futuro y empezar a ahorrar para su jubilación y de su colegio. Tómese el tiempo para explicar cómo el presupuesto y ahorrar. Hágales ver cómo administrar el dinero correctamente. Aprenderán mucho más de sus observaciones que por lo que les pedimos, para empezar a hacer cambios positivos en su vida ahora. Hacer lo que yo digo, pero no lo que yo hago no es un mantra que trabaja para los niños inteligentes. Por ejemplo, el riesgo de fumar en los niños aumenta cuando sus padres son fumadores. Lo mismo vale para la obesidad y muchos otros comportamientos. Ayude a sus hijos ayudando a usted mismo. Siempre estoy pensando en el avión comercial información obtendrá antes de despegar en un vuelo. Es cierto que somos propensos a tener problemas para ayudar a alguien con su máscara de oxígeno cuando la falta de oxígeno se Afectar nuestra capacidad para llevar a cabo. Ponga su máscara, hacerlo bien, y ayudar a sus hijos a poner las suyas. Les ayudará a comenzar a comprender el valor del trabajo duro, organización y planificación. Enseñarles a pensar y razonar, y no simplemente reaccionar.

Yo creo que es importante ser libre de deudas y para el bien de nuestras familias y de nosotros mismos. Somos una sociedad que valore las cosas y tenemos que hacerlo ahora. En un año, cuando una nueva versión del mismo producto sale es probable que gaste demasiado para que uno también. Este modelo arroja los vínculos de nuestras cadenas, la compra por la compra, hasta que nos pesa y obliga a todas las opciones fuera de nuestro alcance. Sé dueño de un negocio y cuando sus empleados se compra una casa o un automóvil fuera de sus medios él diría, "tenemos ahora". Cuando estamos atrapados por la deuda, perdemos nuestra capacidad de negociar por miedo a perder todo. Perdemos nuestra habilidad para perseguir nuestros propios negocios, sueños y aspiraciones. Esto sucede a través de la carga de gastos irracionales y la incapacidad para guardar. Quiero que mis lectores a considerar la posibilidad de establecer firmemente el objetivo de vivir libre de deudas. Esto requiere examinar cada compra e invertir tiempo en crear y seguir un presupuesto. La vida es un maratón; debemos prepararnos para ella. Si no terminaremos preparando para un sprint y ser sorprendido por la maratón. Preparación financiera a largo plazo requiere ser un buen director. Debemos tener un plan mediante el control de nuestro pensamiento emocional.

Yo les doy los mismos consejos a mis pacientes con artritis. No existe cura para la artritis, entonces pacientes tienen que entender qué es lo que hace que el dolor empeore. Dando seguimiento y vigilando el dolor mejora ya que no existe cura y haciendo la cosa equivocada puede acelerar. Aprender a manejar eficazmente el dolor es el único camino. Mi consejo es el mismo aquí; ser un buen administrador de sus finanzas. Su potencial para ganar dinero es limitado por tener una vida. Para la mayoría de nosotros, nuestra esperanza de vida es de 65 a 70 años si tenemos suerte de tener buena salud (o debería decir, si hemos planeado y sido diligentes para ayudar fortuna comiendo bien y haciendo ejercicio, evitando el comer emocional y dilaciones, que reduce el estrés por preplanificación) Tenemos una ventana que se cierra cada día en nuestra capacidad para alcanzar nuestras metas, apoyar a nuestras familias, y mejorar nosotros mismos. No deje que su

Obtenga lo mejor de las emociones. No separar a sí mismo de sus finanzas, su familia y su carrera. Manejé sus finanzas por siendo un participante activo. Recuerde, comienza poco a poco y cómo nos fijamos en ellos y como le hacemos frente.

A mí no me gusta el papeleo. Yo soy, entre otras cosas, un clínico en terapia física. El papeleo requerido para esta posición a menudo parece como si nunca terminará. A principios de mi carrera, he despreciado la opresión del papeleo. No me gustaba. Me tomó una postura emocional hacia mis tramites. Mi desprecio - que fue una postura emocional - condujo a un punto de vista emocional. Yo estaba en contra de tener que hacer el papeleo, lo que me llevó a evitarlo. Yo evitaría el papeleo tanto como sea posible hasta que ya no podía evitarse. La oficina de negocios que requiere la labor de apoyo a la facturación cazaba me abajo y girar mi brazo. Yo con resentimiento me sentaba en mi escritorio y toda mi actitud cambiaría. Quiero mirar la pila de trabajo que era casi imposible hacer en una sola sesión. Quisiera apresurarse a hacer de todo. El estado emocional, la ansiedad y la impaciencia me sentí conduciría a una disminución en la calidad del trabajo. Es mucho más fácil cuando quiero alcanzar y, a continuación, permanecer en la parte superior de éste. Con menos presión para conseguir el trabajo hecho y un volumen controlado, la calidad de mi trabajo mejoraría. Cuando me acerqué a la obra desde una perspectiva lógica, no fue tan agotador. El producto de mi esfuerzo era mejor y yo me siento abrumado. Yo sería capaz de evitar los sentimientos que vienen con la ansiedad y la presión de un plazo.

Para salir adelante en nuestras vidas, tenemos que dedicarnos a participar en tareas que puedan surgir. Tenemos que tomar esas tareas sin la influencia negativa de la postura emocional y la posterior respuesta conductual que nos puede conducir a una disminución en la calidad de nuestro trabajo. También debemos evitar una reacción emocional y sentimientos de culpabilidad por no conseguir el trabajo hecho o no hacerlo, en la medida de nuestras posibilidades. Se trata de un caso claro de que el pensamiento emocional restringe el volumen y la calidad de nuestro trabajo.

Cambiando nuestro punto de vista y adoptar un modelo lógico de pensar es una técnica altamente eficaz en el logro de una mejor calidad de esfuerzo. Este enfoque también es mucho más gratificante. La satisfacción viene a causa de la estabilidad y consistencia implícita en el modelo de pensamiento. Es más satisfactorio porque los estados emocionales suelen ser seguidos por contra-estados emocionales. Me gusta hacer mis tramites, pero hay que hacerlo y no hay fin a ella. Yo lo odio y lo evito. Yo lo evitar hasta que el volumen de trabajo ya no puede ser ignorado, de las cuales hasta el punto que yo resentía y sufra durante hasta el fin. Al final de la tarea, no me siento satisfecho de que era hecho. En su lugar me sentía deprimida que he tenido que pasar mucho tiempo haciendo un trabajo sobre ella. Yo estaba estresado y ansioso porque la conclusión era importante y el impacto afecta a más de mis propios intereses. En este caso, una reacción emocional condujo al siguiente estado emocional.

Yo he notado esta ruta frecuentemente. Es mucho más satisfactorio para enfrentar nuestras tareas a medida que surgen. Ello nos permite afrontar el reto y finalizarlo correctamente. Eliminando el pensamiento emocional y abrazar un enfoque lógico, nuestra perspectiva es alterada y nuestro comportamiento es influenciada positivamente. Queremos desarrollar con éxito los comportamientos que convertirse en la piedra angular de la calidad en el trabajo. En este sentido, nuestro trabajo adquiere mayor importancia y el éxito y la calidad de nuestro trabajo son en última instancia mucho más satisfactoria y coherente.

Por ejemplo, imagínese que conduzca a través de la ventana para el almuerzo y una señorita está manejando la caja registradora.
Ella está deprimida, apática, impaciente, y francamente enojada. Ella se siente atrapada y frustrada por su trabajo, y lo muestra a todos a su alrededor. ¿Es probable que pueda avanzar en esta compañía? Su estado emocional ha eliminado a cualquiera que vea su valor. Ahora, un lector puede argumentar que un callejón sin salida en el trabajo es nada para emocionarse. Yo argumentaría que Dave Thomas, el famoso fundador de Wendy's, estaría en desacuerdo. Aunque fue exitoso y comenzó una de las mayores cadenas de restaurantes en el mundo, se siente orgulloso de que él era un cocinero de hamburguesas. Cuando Dave tenía doce años, empezó a trabajar en un restaurante de Tennessee.

Finalmente se mueve a una posición de gerencia en el KFC donde conoció y trabajó con Harland Sanders. ¿Crees que habría tenido una oportunidad como la que había cuando se sentó en su puesto en un estado emocional de frustración? Hay - expresamente- de ninguna manera. Tenía

enfocado, trabajar duro, y positivo. Él tenía los atributos de profesionales y le llevó desde la más humilde de las posiciones al principio. En 1969, abrió su propio restaurante y lo convirtió en un billón de dólares al año en el negocio. No está mal para una hamburguesa cocinar.

Esta es también una lección de perspectiva. Nuestras emociones nos pueden hacer perder de vista nuestros objetivos e invertir US con desesperanza. Esto conduce a la apatía y la frustración. Estoy aquí para decir que no tiene que ser así. No importa quién eres ni de dónde vienes. Usted puede tener más éxito por 1) la eliminación del pensamiento emocional, 2) adopta un enfoque lógico, que permitirá, 3) nuestra perspectiva para ser alterado y 4) nuestro comportamiento para ser influido de manera positiva. Esto nos permite desarrollar con éxito los comportamientos que se convierten en cualidades y nuestro trabajo puede tener una importancia mucho mayor. Además, el éxito y la calidad de nuestro trabajo son en última instancia mucho más satisfactoria y consistente.

¿Quién es más apto para ser notado por Harland Sanders - Dave Thomas o la señorita he descrito anteriormente?

¿Cómo podemos aplicar esto a dónde nos encontramos ahora y preparar desde este punto en adelante?

Vamos a trabajar desde una perspectiva racional. ¿Lo que usted busca si fueron quienes controlan contratando a una gran corporación? Muchas compañías están contratando para personalidad y actitud primero, y la formación de habilidades o segundo. A reinventarse a sí mismo y convertirse en un mejor candidato, adoptar la actitud descrita anteriormente para encajar en una estructura corporativa. Desarrollarte y oportunidades será más abundante.

Southwest Airlines ha construido una compañía muy exitosa colocando el valor alto en actitud y personalidad. Tienen un filtro que ayuda a predecir el rendimiento. Ahora usted tiene una idea de lo que usted puede hacer para mejorar sus probabilidades de éxito. Las actitudes orientan los comportamientos. Los comportamientos son una variable predictiva del éxito. El pensamiento racional puede ayudarle a evitar rutas de actitudes que conducen a comportamientos improductivos. ¿Cómo puede usar el resultado final, que es una codiciada carrera con una empresa tan prestigiosos como Southwest, y aplicar lo que han aprendido acerca de los resultados de la forma de enfocar una empresa como esta?

El éxito mediante el pensamiento lógico es el camino que he desarrollado y abogado. Se requiere que usted sea un estudiante y dedícate a desarrollo permanente a través del análisis y el crecimiento personal. No importa cuál sea tu objetivo es o cómo definir el éxito, una cosa que mejorará su probabilidad de éxito es identificar el componente tareas para lograr el objetivo. Ello requiere la identificación de los obstáculos en su camino y aplicar una pantalla del pensamiento lógico para el proceso.

"Hago lo mejor que sé, lo mejor que puedo,
y quiero seguir haciéndolo hasta el final".
-Abraham Lincoln

Capítulo 6

Pensamiento Lógico como un Medio de Disminuir de Dudas de Sí Mismo

Todos nosotros en algún momento experimentamos la duda en si mismo o participamos en actividades auto-destructivo. La gente exitosa sabe cómo controlar estos pensamientos irracionales o usarlas para avivar el fuego que mueve montañas. Tenemos que abordar estas dudas y reemplazarlos con la confianza que viene de aprender y comprender que los avances de nuestros conocimientos, habilidades y planes. He hablado públicamente en alguna ocasión, y al hacerlo siempre estaba preparado y se tomó el tiempo para dominar el contenido y practicar mi presentación frente a alguien capacitado lo suficiente para darme una crítica constructiva. En este caso, es importante confiar en uno mismo y saber que eres el mejor recurso que tenemos. Muchos de nosotros nos faltaron la ventaja de tener padres que conocía el camino al éxito. Pero todavía puede enseñar a usted a leer el mapa, planear el viaje y empezar en su camino. No deje al azar. No tirar la toalla y creo que usted nunca tendrá éxito. Muchos otros menos afortunados que ustedes han tenido éxito. Tenemos una vida para vivir y es imprescindible que nosotros no ceder a la duda de sí mismo.

El fracaso de hacerlo es a menudo es la causa de muchos comportamientos destructivos. Pensamientos negativos pueden crecer y manifestar como comportamientos, como la persona que está atrapada en el sofá o el comedor impulsivo. En lugar de eso debemos trabajar a través de nuestros problemas y no dejarlos enloquecer. No debemos dejar que el miedo al fracaso ofrecer una excusa para crear auto-duda. Debemos utilizarlo para hacer su próximo intento progresivamente más cerca de su meta. He compartido mis comienzos humildes y luchas. He compartido cómo yo abrí una vía para refinar y mejorar mi posición. Al día de hoy todavía no me gusta fallar, y que a veces se cree la auto-duda que pueden conducir al auto-desprecio y manifestar como comportamientos negativos. Esto puede llevar a comer en exceso, la ira, y la implosión de relaciones valiosas. Recientemente he solicitado un puesto de instructor de seminarios en mi campo. He aprendido que el fracaso es una píldora amarga y puede afectar cómo nos percibimos a nosotros mismos. Estar preparado, endurecimiento de usted mismo, y reconstruyendo la tarea para tomar acción son todas herramientas útiles. También es importante aprender de los fracasos y refinar su enfoque hacia el éxito. No ser pasivo acerca de sus pensamientos y de aplique el pensamiento positivo. Los mantras como estos pueden ser de gran ayuda. Ellos pueden ayudarle a dar pasos pequeños y realizar un largo viaje.

Recientemente he dejado un negocio que tuve por muchos años. Yo estaba cómodo en mi papel y lo sabía bien. Dejando me dio una gran preocupación. Yo no quería embarcarse en un fracaso. ¿Quién lo hace? Tuve que adaptarme y superar. Cuando digo esto me trae de vuelta a mi entrenamiento militar. Estas palabras siguen resonando true. Muchos días, cuando yo estaba agarrado con la auto-duda, tuve que reforzar los pensamientos positivos para superar las dudas que amenazaba con socavar conmigo. He tenido que coger un bolígrafo y papel y perfilar mi nuevo plan. Tuve que intentar ejecutarla cada día, lo que podría conducir a encontrando obstáculos, dolores de cabeza y retrasos. Es importante para todos nosotros que soportar, y un cuidadoso plan basado en el pensamiento lógico puede ser esencial para esta búsqueda.

En mi campo, tuve que superar mis propias inseguridades y dudas acerca de sí mismo. Tuve que recordar que no es un simple momento en el tiempo; no es una acusación contra la persona que eres. Es importante mirar hacia atrás sobre su extraña a hacer los ajustes necesarios, en lugar de castigar a sí mismo por sus fracasos. Sé que muchas personas de éxito que le dirán que no le conducen a su éxito. Mi viaje en esta vida es impulsado por mi fe y el gran don que el Señor nos dio nuestras mentes racionales.

"A medida que comenzamos a entender la realidad más profunda de los pensamientos
y el funcionamiento de nuestras mentes, podemos aprender a convertirnos
en maestros de nuestra mente y entrenarla para convertirnos en el líder de
nuestra evolución y convertirla en la clave para desbloquear nuestro potencial más elevado."
-Sraddhalu Renade

Porque Dios no nos dio un espíritu de timidez, sino un espíritu de poder, de amor y de autodisciplina.
-2 Timoteo 1: 7

Capítulo 7

Aplicación del Pensamiento Lógico de la Vida

Y o realmente he llegado a apreciar el buen servicio. Creo que el buen servicio es un reflejo de la buena gestión. Un gerente que supervisa e interviene donde sea necesario- Que supervisa e interviene donde sea necesario - quién sabe cuándo dar un "chico de buen trabajo" y cuándo dar una patada en los pantalones - puede ser muy valioso. Los buenos gerentes entienden todas las posiciones que trabajan para él y funciona para ser una influencia positiva. Tiene visión y expectativas y trabaja todos los días para lograrlo. Esto permite que el producto o servicio sea entregado de forma consistente ya un nivel que satisfaga a los clientes.

"El hombre que usará su habilidad e imaginación constructiva

para ver cuánto puede dar por un dólar, en lugar de lo poco que

puede dar por un dólar está destinado al éxito",

-Henry Ford

Todos podemos reconocer el buen servicio y los atributos que vaya con él; la precisión, la suavidad de la transición y el valor. Gestión que es genial y se ve todo alrededor de nosotros. Es personificada por iconos comerciales como NASCAR, Apple, Disney, John Deere, Amazon, Coca Cola y G.E.

Tenemos que empezar a tomar la carga y se conviertan en buenos gerentes en nuestras vidas. Necesitamos reconocer nuestro éxito y construir sobre ellas. También necesitamos motivarnos cuando nuestra mente irracional intenta convencernos de que no hay esperanza en el tratando. Tenemos a su identidad y a su plan para abordar nuestras tareas cotidianas. Como nos esforzamos por lograr nuestros objetivos. El éxito no basta con venir a has tú plan para él. Usted debe dividir los elementos controlables y trabajar duro para ti. El más refinado el plan y el más difícil de trabajar, mejor será la probabilidad de éxito.

Este punto representa otro gran debate de nuestro potencial vs. nuestras expectativas - cómo nuestras habilidades coincidan con nuestros objetivos. Mi objetivo no va a ser un músico, principalmente porque soy sordo. 'White esto no ha disuadido a algunos concursantes de American Ídolo, es importante entender nuestras fortalezas y debilidades. No he tenido miedo a explorar cosas nuevas. Pero yo me quedo racional e intento mantener mi ensueño de hacerse ilusiones. He tomado clases de guitarra con el conocimiento de que yo estaba tomando para cumplir una búsqueda artística; no cambiar mi trayectoria profesional.

Adoptar una postura lógica y alejando de uno emocional puede ayudarnos a alcanzar nuestros objetivos. Estamos tomando nuestras metas y dividirlos en nuestro objetivo. Luego, podemos crear y ejecutar un plan, y reevaluación. Nosotros entonces implementar cambios y adaptarse si es necesario. Si bien el ejercicio de la medicina, también trabajé para obtener un doctorado. Como resultado, se me pidió que instruir a los cursos. Una o dos clases un semestre no es difícil compaginar, sino que requiere la organización. La obtención de un título de postgrado no hace un educador. Se convierte en un sujeto experto. El reto de impartir los conocimientos del profesor con el estudiante viene de tener un plan de lección. Esto es similar a un piloto con un plan de vuelo o un científico basándose en el método científico. Este es un enfoque organizado y secuencial para llegar a un entendimiento. En el caso de un plan de lección, es una hoja de ruta para establecer metas para los estudiantes y el método para alcanzarlos.

En cualquier ejemplo, el hilo común es un plan de ataque. En los militares podrían llamarlo un martillo - tome las rocas y crear un plan de acción preestablecido. ¿Por qué? Esto es fácil, y hay menos posibilidades de conseguir distraído, perdido o desorientado.

Durante los años en mi clínica, hemos tenido una posición de nivel-entrada para ayudar a los clínicos en su trabajo. Estas posiciones
son ocupados por jóvenes, que suelen tener un grado o están próximos a graduarse. Están a menudo en busca de experiencia para aplicar a la escuela de licenciado. Me sorprende la comparativa malentendidos, errores y trampas veo jóvenes meten en por no tomar el tiempo para organizar, planificar y pensar lógicamente para evitar distracciones.

Siempre es bueno tener tiempo para analizar, crear medidas para abordar y generar un enfoque organizado. Esto va a llevarnos a dónde queremos ir, o al menos mejorar nuestras posibilidades de llegar allí. Al igual que muchas personas, me gusta preparar mis facturas. Mirando esta tarea lógicamente, podemos crear una lista de comprobación que nos ayuda a obtener a través de tareas obligatorias. Los pasos para lograr el objetivo son bastante claras: organizar las cuentas, equilibrar nuestro talonario de cheques, preparar sobres, escriba el cheque o prepararlos electrónicamente, las cuentas de correo, re-equilibrar nuestro libro de chequeo e imponerla a nuestro presupuesto familiar. Pero esto no es cómo nos al recibe a través de esta tarea. Por ejemplo, tengo varias propiedades de inversión que empecé en una forma muy humilde. Lentamente, me compró, y compensar los gastos con tal de que no se conviertan en dinero fosos, jugaba el papel de hombre de mantenimiento y administrador de propiedades. Lo que he visto en mi consistentemente inquilina fue botar sus facturas por no contar con un sistema central de presentación. De esta manera, a menudo no tienen idea de cuánto dinero que realmente tenía en su cuenta de cheques porque no cuadraban. Me gustaría observar evitando su responsabilidad, encontrar cosas que hacer que finalmente les desvíen de obtener la tarea resuelta. Mucho tiempo estuve delante del televisor o en el teléfono (estos son los típicos escollos emocionales para ser productivo). Me gustaría observar yendo a comer fuera, que satisface su necesidad de gratificación inmediata y les permitió evitar todavía más la tarea. Esto me llevaría a visitar más a menudo en un intento de crear la motivación mediante la amenaza de desalojo. Tenían una simple tarea obligatoria para llevar a cabo cada mes, pero escogió una postura emocional y resulto en comportamientos empeoró la situación.

¿Es este un resultado evitable? Sí, por supuesto, es evitable. Postura emocional conduce a problemas de comportamiento - en
este caso de escapismo, que no permitió para la meta se logre. En esta tarea obligatoria, sólo agrava el estrés y la ansiedad de ocuparse de ella. Postura emocional aumenta el riesgo de fracaso, mientras que toma un peaje en uso a través de la disminución de la producción y la reducción de la calidad del trabajo.

El ejemplo de los inquilinos y su postura emocional para pagar el alquiler es uno de los muchos ejemplos que refuerzan el impacto negativo del pensamiento emocionalmente. Es importante que el lector a adoptar los principios del pensamiento lógico y alejarse de las trampas de nuestras emociones. Hacer una lista de experiencias, o simplemente aprovechar el recuerdo de acontecimientos pasados, y el intento de descubrir situaciones que se asemejan al ejemplo anterior. Reflexionar sobre ellos e imaginar cuál habría sido el resultado si se le da la oportunidad de responder de una manera más lógica. Analizar la memoria del evento lógicamente y búsqueda de los agentes causales. ¿Cómo fueron abordados y en qué estado de ánimo? Este ejercicio es imprescindible para asegurar un cambio positivo en la forma en que pensamos. A menudo nos mueven a través de la vida sin tomar el tiempo para reflexionar sobre lo que hemos hecho correctamente o por qué no lo logramos. Esto puede resultar en no obtener perspectiva o analizar tendencias positivas o negativas que se correlacionan con el éxito o el fracaso. Reflexionando sobre los acontecimientos pasados e imponer la información proporcionada aquí también pueden permitir a los postulados de este enfoque sea más fácil de adoptar. No se trata de un tiempo a batir a sí mismo.

Este es un momento para examinar tendencias, identificar oportunidades perdidas, y centrarse en la causa y el efecto. A continuación, aplicamos los pasos del pensamiento lógico para cultivar un resultado diferente. La definición de locura es repetir la misma acción y esperar un resultado diferente. Aprender del pasado a través de la reflexión y de aplicar lo que han aprendido crea cambios positivos.

Muchas veces nosotros somos demasiado impacientes con una intervención. Algunos viajes son más que otros, así que tenemos que mantener el rumbo. Administre su vida. Pretender que son pagados para hacer el trabajo de administrar con éxito un curso para usted. ¿Si se gestiona una granja y la savia vital de la era ordeñar una vaca, que alimentan la comida rápida hasta que desarrollaron diabetes? Por supuesto que no. Entonces, ¿Por qué estamos haciendo esto a nosotros mismos? ¿Por qué estamos consumiendo alimentos procesados y dándoles y salud disfunciones a nuestros hijos? Más sencillo es mejor. El más cercano a la granja, el más lejos de la fábrica y el mayor beneficio para la salud.

¿Si ejecuta un pequeño negocio, tendría que gastar dinero antes de ganado y el hombre una gran prohibición? No, porque usted no quisiera estar en el negocio por mucho tiempo sin gestionar adecuadamente sus finanzas. ¿Si ejecuta un servicio en línea de atención al cliente, usted sería brusco y despectivo con los clientes? Por supuesto, lo que daría lugar a un rápido final de la empresa. Usted sería mucho más propensos a ser civil y respetuoso. Ser un buen auto-manager se inicia mediante la gestión de sus emociones y reconociendo los trazados simples para el éxito.

Un estudio reciente sugiere que en el día moderno las habilidades de los pilotos no están hasta el tabaco porque confían demasiado en piloto automático, lo que crea un mayor riesgo de problemas en el caso de una emergencia. No viven su preciada vida en piloto automático. Tome el control y empezar a ensayar a su destino, en lugar de otra persona.

"No hay secretos para el éxito. Es el resultado de la preparación, el trabajo duro, y aprender de los fracasos."
-Colin Powell

Capítulo 8

Cambio de Rutas del Pensamiento desde Emocional al Lógico

C ambiar nuestra forma de pensar no va a ser fácil, pero es imprescindible si queremos cambiar nuestras vidas para mejor. Un cambio positivo en nuestro pensamiento va a mover nuestras vidas en una dirección positiva. Cambiar nuestra perspectiva de emocional a influencias lógicas nos ayudará a tener éxito en las tareas cotidianas que llevan a la culminación de nuestras vidas. Por ejemplo, casi todos los miembros de una sociedad están influidos de maneras negativas que afectan a su salud. Uno de los problemas de salud más apremiante que he visto es la obesidad. Somos todos consciente de los efectos negativos de la obesidad. Entonces, ¿Por qué, como sociedad, estamos creciendo más grande? Somos consciente del problema, que suele ser el primer paso para resolverlo.

Hay muchos factores que contribuyen a nuestro aumento de peso. Existe la influencia de la publicidad, la disminución de la actividad física, comiendo las presiones sociales y culturales y, por supuesto, El comer emocional. Ciertamente, hay muchas otras variables que conducen al aumento de peso. Nuestros estados emocionales también juegan un papel importante cuando estamos intentando perder peso. Una vez que las personas se dan cuenta de que tienen un problema de peso, se estrenan e intentar hacer cambios drásticos y malsana en su dieta. Esto puede conducir a establecer metas inalcanzables. El estrés de la pérdida del peso puede crear una espiral negativa de comportamiento. Este estrés es un estado emocional que raramente es propicio para resolver satisfactoriamente una tarea. Los estados emocionales como resultado la evasión y la negación, que son improductivas e insalubres. Crean una cascada de composición y montaje inacabado y/o Tareas no completadas. Este bucle se convierte en cada vez más y más difíciles de resolver a medida que pasa el tiempo.

Por ejemplo, esto puede conducir a la ansiedad, que afecta fisiológicos como el insomnio, depresión y ganancia de peso adicional. Un estado emocional no es propicio para lograr el objetivo, que es perder peso y ser más saludables. Este ciclo ocurre a millones de estadounidenses cada año. Decidimos perder peso y seguir una dieta. Nos estresamos sobre la ganancia de peso y la incapacidad para perder peso de forma inmediata, lo que conduce a la cascada de los comportamientos negativos que nos llevan 180 grados desde nuestro resultado esperado. Empezamos a evitar nuestra dieta, o nos involucramos en otros comportamientos no productivos tales como ver la televisión. Esta es una forma muy peligrosa de escapismo en el que casi todo el mundo está representado como ser perfecto y donde las publicidades a menudo nos bombardean con mensajes contraproducentes para comer insalubres y alimentos procesados. Lo que empezó como un simple deseo de perder peso dio lugar a una respuesta emocional que cultiva el estrés y la ansiedad. De repente, estamos más lejos de nuestra meta de cuando empezamos.

Cuando comemos en exceso y vemos la televisión, nos volvemos más sedentarios y empezar a ganar peso. Nuestra mente emocional dice que soy nunca va a perder peso. Es desesperante y no vale la pena intentarlo.

Es imperativo que nosotros paremos el ciclo que puede causar el pensamiento negativo. Romper los patrones destructivos que favorece. Adoptar una postura lógica para alcanzar la meta de pérdida de peso. Siguiendo una postura lógica, vamos a romper la tarea en sus componentes mediante una lista de comportamientos que debemos desarrollar para alcanzar la meta. Para elaborar la lista, es prudente utilizar referencias como, por ejemplo, ponerse en contacto con un médico de familia. Consulta con un dietista es lógica y puede ser prudente. Sabemos que hay factores sociales que influyen en nuestra dieta, afectando así a nuestro peso. Por esta razón, uniéndose a un grupo de apoyo es a menudo útil. La incorporación de los cambios durante un período de tiempo más lento también es útil. En general, se acepta que la cantidad de pérdida de peso a la semana debería ser alrededor de dos libras. Lo oigo todo el tiempo, "Yo estoy a dieta. Voy a la playa la próxima semana y tengo 10 perder 15 libras". Esta es una respuesta muy emocional que provoca sentimientos de fracaso y auto-desprecio. Si este objetivo se alcanza, tiene un costo en atracones mientras están de vacaciones o en cambios metabólicos que hará perder peso en el futuro mucho más. Volviendo a nuestro enfoque lógico, sabemos que la pérdida de peso recomendado es de dos libras a la semana. Utilizamos nuestras referencias para saber que dos libras equivale aproximadamente a 7.000 calorías. Disminución de 7.000 calorías de nuestra dieta cada semana y aumentar nuestro nivel de actividad nos puede ayudar a alcanzar este objetivo. Para garantizar el éxito, necesitamos trabajar en ese objetivo todos los días. Así podemos reducir nuestro consumo calórico de 1.000 calorías/día y paseo de 15-20 minutos al día. ¿Cómo sabemos cómo eliminar 1.000 calorías/día de nuestra dieta? Simplemente utilizando un diario dietético informará qué y cuánto comer. Esto nos ayudará a calcular la ingesta calórica diaria. De esta manera, algunos elementos pueden ser eliminados de nuestra ingesta dietética cada semana para reducirlo a 1.000 calorías de consumo diario.

Los tiempos de caminar diariamente también se pueden mantenerse en un diario. No se trata de una llamativa forma de perder peso. No confíe en el equipo, suplementos o trucos. No hay pastillas mágicas. La publicidad apela a nuestras emociones y nuestro estado emocional no es la plataforma queremos operar desde para alcanzar un objetivo. Entonces, ¿Por qué queremos creer una píldora nos puede permitir comer lo que queremos, no el ejercicio y vamos a perder peso? ¿Por qué creemos que estas mentiras, que nos motiva a gastar nuestro dinero? Porque los publicistas saben que la emoción se vende. La verdad no vende; Estados emocionales vender. Tenemos que usar nuestra postura lógica y abordar esta tarea de perder peso de manera racional el marinero.

¿Qué escribió usted en su lista de verificación para acercarse, lógicamente la pérdida de peso? Verifique referencias válidas para una mejor comprensión, hacer cambios en la dieta diaria y la actividad, conseguir la ayuda de un grupo de apoyo, quite la emoción de las decisiones, y hacer cambios lentamente. Ahora escribir en el formulario facilitado anteriormente

La tarea: perder peso. El plan: siga la lista de verificación. Reevalúe no sólo por pesarse, ya que esto puede resultar engañoso, (hacer ejercicio mientras que intentan perder peso puede causar el aumento de peso debido a un cambio en el tamaño del músculo aumenta). La idea es que estamos reevaluando, que posiblemente conduce a la reorganización o aumentando nuestro nivel de ejercicio o disminuyendo las calorías, todo mientras manteniendo la ingesta calórica diaria recomendada de los grupos básicos de alimentos (su médico o dietista puede proporcionar una pirámide de los alimentos para su referencia).

Cuando nos movemos desde emocional para el pensamiento lógico, nuestro riesgo de fracasar disminuye y nuestras posibilidades de éxito en mejorar los resultados. Para ello, tenemos que re-programar nuestra mente. Debemos aprender a controlar nuestras emociones y saber que los primeros pensamientos que vienen a nuestras mentes son probablemente emocionales. Se articulan con nuestros antiguos cerebros y son más reflexivo. De este modo, llegarán nuestra conciencia en primer lugar. Ellos pueden ser el primero en nuestros pensamientos, pero que rara vez son capaces de llevarnos a donde queremos o la necesidad de ir. Debemos suprimir pensamientos emocionales y mover a más enfoques racionales a nuestras situaciones y tareas diarias con el fin de ser consistente y exitoso en nuestras vidas.

¿No sé si eres optimista o pesimista?

¿Tiene un interior o de locus de control externo?

¿Tienes dificultad socialmente?

¿Puede hacer decisiones instantáneas o sufren de parálisis por encima del análisis?

¿Alguna vez has sido tan frustrado o tan enojado que flujos incontrolados de abuso verbal seguido ni nada seguido porque estaba turbado? Cuando no tiene palabras para comunicar eficazmente su posición o si no han tenido suficiente tiempo para reconstruir y reconstruir su posición, podría encontrarse en esta posición. ¿Cuál ha sido tu experiencia si alguna vez has encontrado a ti mismo en esta posición? Voy a adivinar es como cualquier otra situación emocional. Probablemente terminó mal. Quizás terminó en palabras se dice que no se entiende. ¿Cómo decir cosas que no queremos decir impacto de nuestras relaciones? Necesitamos estar preparados, manténgase informado y responder en forma controlada y reflexivo racional.

Fundamentalmente, tenemos que saber qué es lo que queremos en nuestra vida. Necesitamos saber que esos deseos pueden cambiar, pero intento para hacer un plan y ver que a través del plan.

Un joven que abandona la escuela secundaria y madre soltera y trabaja en una oficina y sueña con ir a la universidad. Ella es de 20 años. Si ella no tiene un plan de vida y las demandas de la vida superar, y ella se asienta en una rutina de ir a casa ahogando sus sufrimientos, no sólo será más difícil para ella para iniciar. El inicio de las tareas es la parte más difícil del proceso. ¿Es un sacrificio? Sí, pero es más productivo que la alternativa.

El tiempo es como un río. Por el momento decides saltar en, básicamente está saltando a un conjunto diferente de río con el que inició.

"Nunca encontrarás tiempo para nada. Tú debes hacerlo."
-Charles Buxton

No significa que no podemos, pero comienza temprano y decidir que no vamos a dejar que nuestras emociones obtengan lo mejor de nosotros es el mejor camino. Tomamos tiempo para trazar un mapa y esbozar un plan. Investigamos nuestro plan. Lo dividimos en tareas componentes, y reevaluamos nuestro progreso. Pedimos o buscamos ayuda si es necesario, y nos enfocamos y trabajamos duro, manteniendo el acabado a la vista. Empezar ahora. Esperar sólo significa que usted se está moviendo más lejos de su meta como el tiempo fluye lejos de nosotros rápidamente.

"Algunos de nosotros tenemos grandes pistas construidas para nosotros, si tienes una, despega, pero si no te das cuenta es tu responsabilidad agarrar una pala y construir una para ti y para los que te sigan".
-Amelia Earhart

Capítulo 9

Reflexión y Encontrar Tendencias para Aumentar la Resolución de las Tareas

L a preponderancia de la evidencia es muy convincente en favor de enfoques de pensamiento lógico para la resolución de tareas. Vemos el pensamiento lógico todo alrededor de nosotros, pero a menudo prefieren pasar por alto. ¿Cuántos de nosotros comprar un elemento que requiere de montaje y decidir no seguir las direcciones? Normalmente, esta es una mala elección aleatoria y el acta de asamblea que parece obvio a menudo resulta en piezas adicionales y un resultado final que no funciona como se esperaba. ¿Alguna vez ha mirado el manual de tu televisor o equipo estéreo? El planteamiento es lógico. Establece los pasos en la secuencia de pasos a seguir para lograr un fin. Si ello no es la deseada, que establece medidas para volver a trabajar a través de la tarea lógicamente a descubrir el problema. Esto no es diferente de cómo debemos enfocar nuestras tareas cotidianas, pero, por supuesto, sin la jerga técnica.

La distancia más corta entre dos puntos es una línea recta, lo que significa que tenemos que mantener nuestro plan de resolución de tareas simples. Limitando el número de pasos y la reevaluación cuando es posible, nos discriminan efectivamente técnicas que son progresivos, de aquellos que son regresivos. Ha sido mi experiencia, que últimamente los fabricantes de PC han dedicado tiempo y esfuerzo a sus instrucciones. He comprado un ordenador nuevo y la asamblea se detallan en un diagrama. Se codificados por colores y hubo pasos para controlar mi trabajo y sugerencias para la solución de problemas. Recuerdo que antes de las computadoras llegó con diagramas de cuán difícil es para mí para configurarlo de la manera correcta. ¿Cuánto más difícil son las tareas más importantes de nuestra vida? ¿No necesitan tiempo para crear un diagrama escrito para completar con éxito? Por supuesto, requieren la atención y el tiempo para desarrollar un plan que mejorará las posibilidades de éxito.

Cuando comenzamos a tomar este planteamiento lógico para nuestra vida, nos daremos cuenta de las cosas que no hicimos antes. Nos pueden ayudar a procesar la información más rápidamente. Podremos reflexionar sobre los éxitos y los fracasos del pasado para analizar objetivamente cómo hemos cumplido o incumplido nuestras metas. La reflexión es tan importante y tan a menudo pasado por alto como una herramienta para el éxito. No es sólo el fracaso si hacemos abstracción de su resultado y repetir los pasos que tomamos para llegar hasta allí. No debe ofrecer una perspectiva de éxito, justo como lo hace.

Tenemos a nuestra disposición un cuerpo de información proporcionada por nuestras experiencias de vida. Lo que elegimos hacer con ella nos podrían ayudar en el futuro. Por nuestras experiencias de vida que nos ayude, tenemos que reflexionar sobre ellas, lógicamente. Tengo un amigo de la escuela secundaria y cada vez que hablo con él, parece atascado en el grado 12. Sí, fue un gran momento, pero les aseguro que no era exactamente de la manera que él glorifica. Él tiene un apego emocional a un cierto tiempo en su vida y en la que no se puede reflexionar sobre ella sin prejuicios. En la ciencia, el sesgo puede min un estudio por contaminar los resultados. La reflexión es buena en la que se pueden beneficiar con nosotros dándonos perspectiva. Pero sólo si nos aproximamos lógicamente.

Volvamos al ejemplo de la pérdida de peso. El objetivo que queremos alcanzar es perder peso. Podemos reflexionar sobre los intentos anteriores y tratar de analizar nuestro éxito o nuestro fracaso. Cuando hacemos esto, podemos empezar a discernir las tendencias. Comprender las tendencias y seguir las tendencias es una parte vital del pensamiento lógico y puede mejorar nuestras posibilidades de éxito.

Siguiendo tendencias se utiliza en muchos lugares. Un ejemplo es el mercado de valores. Analistas del mercado bursátil el estudio de las tendencias en el mercado. Realizan el seguimiento de tendencias para tomar decisiones sobre compras y ventas de existencias. Se basan en datos históricos para comparar posiciones actuales con las anteriores, mirando a múltiples variables y buscando tendencias que pueden proporcionar información sobre la realización de predicciones sobre acciones de corto y largo plazo. Estos analistas no seleccionar acciones basadas en la emoción, y ellos no están simplemente persiguiendo en rápido el aumento de stock. Dedican esfuerzos intensivos en mano de obra a las tendencias de la investigación en la economía y el mercado de valores.

Nosotros podemos aprender algo de esto organizado, enfoque racional a otro lugar místico. ¿Qué podemos aprender de este proceso? En los militares, los soldados se enseñan muchas tareas rápidamente. Los oficiales deben garantizar que los soldados comprenden y pueden llevar a cabo la misión. Cuando estaba en el ejército, aprendí la sigla TE, que significaba "Te escucho, te entiendo y reconoce su declaración". Si la misión contiene un alto nivel de tarea, se enseña, ensayados y los estudiantes están marcadas para la comprensión. ¿Seguir o hacer que siga la lógica? ¿Sabe usted cuál es la secuencia, así como HUA reconoce que escuchar, entender y reconocer? ¿Por lo que estoy pidiendo a usted, lector, que el seguimiento?

¿Qué es lo de las tendencias - una dirección general en qué algo tiende una moverse: cuentos como "la orilla-tendencia del lo actual" o "la tendencia del mercado de valores" que pueden llevar con nosotros e integrar en nuestro pensamiento? Con este ejemplo, es más fácil de entender qué es lo que puede tomar desde el análisis de tendencias y cómo se puede aplicar a una tarea para lograr el resultado que deseamos.

La reflexión puede ser utilizada para descubrir tendencias en nuestra vida. Nuestra vida es nuestro cuerpo de trabajo. Los acontecimientos de nuestra vida pueden referirse a nosotros mismos. Esto revela lentamente los obstáculos a nuestro éxito. Digamos que usted está en diez entrevistas de trabajo en su vida. En este caso, usted tiene una muestra que indica lo que el conjunto es similar. En estadística, una muestra que sirve como base para probar una hipótesis. Para nosotros, la reflexión proporciona un meta-análisis para mirar hacia atrás y el cuerpo de nuestra vida. Esto nos permite mirar hacia atrás y utilice la lente del pensamiento lógico. Nos reflejamos a través de nuestra vida con un punto de vista objetivo para obtener los conocimientos acerca de lo que hicimos que ayudó a nuestra causa y qué hicimos para hacer daño. A continuación, podemos mirar todo el cuerpo de estos recuerdos y cristalizar las tendencias que pueden estar presentes y no pueden ayudar en el futuro.

En nuestro ejemplo con respecto a las entrevistas de trabajo, vamos a estudiar dos ejemplos. Persona 1 entra en una entrevista de trabajo y habla con la recepcionista, que afirma claramente que el trabajo ya ha sido llenado. Muchas personas tomarían esa información y salir. ¿Podría usted? Persona 1 dice, "gracias, Yo voy a esperar." Este es su trabajo de sueño; y comercio acaba de terminar la escuela o el colegio. Una persona ya lo ha hecho la debida diligencia (familiarizarse con el término y la propia). Buscaron y pide a alguien que ya es empleado para les hablé sobre la atmósfera y el enfoque del gerente. Esta persona llegó temprano, hizo un buen contacto visual y sacudió la mano del administrador. Se ensayaban las razones que ellos pensaban que iban a ser un activo para la empresa. Practicaron respondiendo a preguntas difíciles se podría pedir y aprendido a controlar las expresiones faciales y el lenguaje corporal. La posición había ido a alguien les dijeron después, pero la persona 1 fue preparado y atento. Mantuvo un firme entendimiento y afirmó que él sería un activo, y tenerlas en cuenta si algo estuviera disponible.

La persona B permite la recepcionista tome el resorte de su paso. Él continúa, pero resentimiento durante su entrevista. Él se enoja ante la noticia de que la posición ya está llena. ¿Que a la larga significa una mejor oportunidad de finalmente conseguir una oportunidad con la empresa? ¿Ahora es evidente, pero puede usted mirar hacia atrás en su propia vida y ver donde en algún lugar del camino que permitió a alguien a ser un obstáculo para sus objetivos?

Yo vuelo y amo volar y todas las cosas sobre volando. He apreciado el formulario de cotización de Amelia Earhart, que terminó el último capítulo. Me gusta que estuvo ausente de la envidia para aquellos que tienen aeropuertos ya construidos para ellos. Ella dice que es importante sacar de todos modos. Le dice al pick up que pala y empezar a cavar. Empezar a trabajar, pero no ser aleatorio sobre ella. Planificar y elaborar un plan. Verifique las referencias y pedir a la gente que ya está en el terreno que le interesa. O mejor aún, si usted está en el borde de la planificación de su propio negocio, busque la misma ideología y el mismo enfoque. Comenzar un negocio es extremadamente difícil y muy maleducada Conozco algunas personas que tienen una gran habilidad para ella. También conozco personas bien educadas que han caído en sus caras planas.

¿Qué es esta habilidad para el éxito? ¿Es un regalo que sólo la persona bendecida con ella obtiene para disfrutar? O es una forma de pensar todavía no se puede describir, debido a la multitud de variables que lo componen? Si usted pide una profesional exitosa cómo hacer algo con éxito, pueden tener dificultad para romper abajo en sus partes componentes. Hacer tu propia suerte practicando lo suficientemente duro para hacer lo que sea que esté haciendo parecer que es un don. Planificar y organizar para una perfecta progresión.

Yo miro hacia atrás en mi propia vida con frecuencia, como he compartido con mis lectores. Definitivamente me he metido en mi propio camino a veces. Después obtuve mi Licenciatura me fui a una entrevista de trabajo. Yo era un recién licenciado. Yo tenía un grado y pensé que poseía un valioso. Yo no prepararse para la entrevista porque pensé que era un natural para la compañía. Reflejando en esa época, ahora me doy cuenta de que yo tenía un chip en mi hombro. No estoy hablando de ser seguros. Estoy hablando de una persona joven que tiene alta confianza en sí mismo. Me pasó para el trabajo y no entiendo por qué en el momento. Más tarde, cuando recibí mi maestría en terapia física, yo era más racional en mi pensamiento y se refleja de vuelta en mis experiencias pasadas. Quería que mi primera posición como profesional de la dosis a la casa a causa de las exigencias relacionadas con la posición. Yo reflejada en todas mis experiencias y vino para arriba con un plan escrito para lograr mi tarea. Yo quería esta posición mal. Significa mucho para mí y que necesitaba para hacerlo bien. Yo sabía que un mal resultado podría tener serios impactos negativos en otras áreas de mi vida. Esta fue sin duda una tarea obligatoria. Sería necesario un plan y para desarrollar dicho plan. Tuve que confiar en mis últimos éxitos y fracasos y necesitaba perspectiva. Se analizan las tendencias de mi experiencia laboral y escribió un plan. Ensayé diligentemente y poner el plan en marcha.

La primera cosa que aprendí en el análisis de entrevistas con éxito se estaba centrando en atributos que llevaron al éxito. También me di cuenta de que tener una relación positiva con el entrevistador mejorar mis probabilidades de éxito. Me tomó en consideración y escribió el plan que se desarrolló mucho antes de que yo fui en la entrevista real. Yo tengo mi última rotación clínica en este sitio. Me gustaría conocer a todos aquellos que pueden tener una influencia en mis futuras de empleo. Yo trabajaría muy duro para demostrar que podía ser un activo. Yo tenía confianza, pero no arrogante. Mi papel clínico terminado y dos semanas más tarde me puse en contacto con el propietario acerca de una entrevista de trabajo.

"Caramba, Frank", dijo. "Lo siento. No tenemos una posición disponible en este momento".

Esto fue devastador para oír, pero yo estaba en esto para el largo recorrido y yo estaba centrado en el logro de la tarea. "Creo que soy un activo", me dijo.

"Si ha creado una posición, me gustaría hacer mi mejor esfuerzo para hacer que funcione. Disfruté de mi tiempo como estudiante y siento que tengo mucho que ofrecer a la instalación."

El propietario me dijo que habría que pensar en ello. Afortunadamente, lo que hizo, y he recibido una llamada para una entrevista. Llegué temprano. Yo estaba atento y me fue ensayado, y me dieron la tarea cumplida.

Mi plan fue desarrollado a través del objetivo de reflexión y análisis de tendencias. He aplicado el pensamiento lógico proceso de tarea y mi resultado fue exitoso. Hasta la fecha, era la primera vez en mi vida que me fue preparado por el pensamiento lógico y no influenciada por el pensamiento emocional. La secuencia de pensamiento lógico me permitió crear el plan más amplio. Se tradujo en uno de los más buscados después de los buenos resultados: guía contratado. Yo no deja nada al azar o a las respuestas emocionales.

Mirando hacia atrás en mi vida, puedo decir con confianza que este fue el comienzo de mi turno en el pensamiento. Empecé a abordar mi trabajo desde esta perspectiva y comencé a ayudar a mis pacientes por hacerlas llegar a evaluar cómo se fueron acercando a las tareas en sus vidas. Ella ha evolucionado y pronto pude aplicar el enfoque de mi vida profesional y personal, he descubierto que tomando la emoción de cumplir nuestras tareas y, al mismo tiempo, incorporando el pensamiento lógico, puede conducir a una utilización más eficaz y vida fructífera. El enfoque global que viene junto al reflexionar y aplicar tendencias a esta forma de resolver el problema.

"Cuando ya no somos capaces de cambiar una situación, tenemos el reto de cambiar nosotros mismos."
-Victor Frankl

Capítulo 10

Usando El Pensamiento Lógico para Evaluar Lo Autentico contra. La Falsificación

Tiempo e importancia deben de ser utilizados para evaluar lógicamente la autenticidad de una decisión. Esto es cierto para todas las decisiones importantes, ya sea personal o profesional. Odio admitirlo, pero a menudo me dio a mí mismo sólo para ser aprovechado por falsificación, o inauténtica, personas. Eran personas que estaban interesados sólo en sus propios intereses egoístas. Creo que a veces tener más cuidado a la hora de decidir dónde vamos a comprar gas de cómo vamos a invertir nuestro tiempo, y con quien. Nuestro tiempo es un recurso valioso. Nuestras experiencias en última instancia deben ser compartido y reflexionado mucho. Por esta razón, es importante ser un buen juez de carácter, ser escépticos, y aplicar una pantalla de lógica para determinar si algo es auténtico o falsificado.

Por ejemplo, he desarrollado una prueba de siete puntos para determinar si el dinero es falso:

1. Sentir la textura de la factura
2. Comparar la factura con otra de la misma denominación y serie.

3. Mire cuidadosamente la calidad de impresión.
4. Buscar las hebras de colores en el papel.
5. Sosténgalo a la luz y mire la marca de agua.
6. Examine los números de serie.
7. Busque características de seguridad especiales

Yo confío en que ustedes están viendo más allá de mi ejemplo. ¿Qué relaciones en que son falsos? ¿Qué inversiones no son lo que parecen y sirven con las ganancias de otros más de lo propio? Yo he visto tantos inversores caer pesadamente en cargados las inversiones basadas en tarifas, sólo para descubrir que lo que ellos creen que él tenía no era auténtico. Siempre un científico examina las pruebas de hipótesis y las referencias. Quiero que han cumplido con la vida, y eso significa tener uno que se rige más por la razón.

Siendo decidido, en definitiva, le ayudarán a triunfar. Es la naturaleza humana para la mayoría de nosotros lamentamos nuestras oportunidades perdidas. Tendemos a ser auto-centrados, que puede ser negativo cuando se detiene en los fracasos del pasado y la culpa. Este equipaje no siempre puede ser descomprimido. Es demasiado arraigado y no siempre pueden ser olvidados. Muchos sentidos viscerales están asociados con la memoria y es importante lavar estos sentimientos.

En su lugar yo abogo por un enfoque que se basa en la humanidad. Llegar a los demás ha sido una gran manera de ayudar a tomar la atención fuera de mis pensamientos negativos. Muchos autores, escritores y filósofos, algunos terriblemente negativo comillas y opiniones acerca de la humanidad. Puedo ver el negativo en una perspectiva lógica. Quien lee o ve las noticias tienen que sentarse en el asombro o indignación por lo que nos hacemos los seres humanos entre sí. Solo puedo decir que necesitamos para comenzar con la primera persona que tenemos la más directa influencia sobre nosotros. Si usted tiene un montón de equipaje y parece que no puedo avanzar, intente alejarse del mismo y llegar a otras personas. Intenta mirar fuera de ti al llegar a ayudar a influenciar a otras personas que necesitan apoyo. A veces esto es tan simple como ofrecer aceptación.

Yo aprendí hace mucho tiempo cuando introduzco un lugar mi experiencia es positiva fuerte o una fuerte negativa. Puedo ejecutar una clínica con gente que necesita mi ayuda y he de entablar con ellos para asegurar que tenga una experiencia positiva y se sienta lo suficientemente cómodo para continuar viniendo. Tenemos un montón de pacientes en nuestra oficina al mismo tiempo. Esto es típico de una clínica de fisioterapia ambulatorias, como es el caso de una sala de entrenamiento deportivo. Cuando estoy a cargo me gusta la inclusión. Quiero que todo el mundo a experimentar la sensación de ser querido y aceptado. No me gusta cuando me no se sienten de esa manera en un entorno extranjero. Ella me tira lejos de la tarea a mano, y no me gusta hacer sentir a los demás de esa manera.

Yo era un estudiante trabajando en mi doctorado y trabajé tan a menudo me gustaría recorrer un largo camino a la universidad a tomar mis clases. Esto era una desventaja con respecto a muchos estudiantes, que vivía en el campus o que tenían clases anterior similar a la que yo asistía. Tuve un profesor que casi recibía gozo en mi molestia si no había asientos disponibles en la clase. He pagado su salario como parte de mi matrícula. Yo era un buen estudiante que trabajaba duro, pero por alguna razón él deleitaba con otros estudiantes y hacerme sentir incómodo. A menudo me preguntaba por qué no podía crear un ambiente más inclusivo. He luchado para llegar a quienes he servido cuando yo era un educador. Hago lo mismo cuando estoy en control. Puedo llegar a gente nueva, y es increíble la diferencia un pequeño gesto como este puede hacer en otros. Es excelente que algunas personas pueden llegar mediante el desarrollo de la beneficencia o recaudar dinero para ser una bendición a otros. Pero yo argumentaría que acaba de ser inclusiva y civil de los demás puede ser tan poderosa, y puede ser alcanzado por todos. Creo en la humanidad y creo que seguirá evolucionando y ser más cohesionado respetando nuestras diferencias.

Aprende a alcanzar a alguien que necesita hablar, con él o ella para permitir su inclusión. Sea receptivo si alguien está obligado a hablar con usted. Si encuentras a alguien que necesita ayuda, no dude en acercarse a ellos. He sido expuesto a muchas irrespetuoso, egoísta, celoso y personas inmorales. Mi consejo es críticamente elegir con quien va a pasar su tiempo con. No pienso que usted puede cambiar a todos, especialmente a los más golosos. Siempre hay algunos signos claros de Mala Gente 101.

Utilice racionalmente las tendencias para juzgar el carácter y la intención. Con estas herramientas, usted puede evitar quedar atrapado en una falsificación de la relación. Nunca olvides como subir la escalera del éxito para ser la persona que alcanza a agarrar la mano de alguien más abajo. Ayudar a la gente a subir, igual que la gente le ha ayudado. Si superan el éxito de un colega, para ser sincero y generoso. No puede ser engañosa o falsa y no pierdas tu tiempo tramando para deshacer el trabajo de alguien. Por favor considere el curso de tus acciones y procurar crear ondulaciones usted sería orgulloso de compartir con sus hijos. Enseñe a sus hijos; y no sólo con palabras, sino de acciones. Animarlos a ser educado. Esto no siempre significa ser educado formalmente. Por ejemplo, lo siento por el respeto que tengo por aquellos que son súper-inteligentes en la vocación. Mi abuelo era mecánico y mis tíos eran fontaneros y carpinteros. Por inteligencia, me refiero a estar abierto a aprender y respetar a aquellos en su comunidad. Esto es mucho más lógico mantener el sesgo de parcialidad, porque se basa en el miedo y la envidia. Ahora hay que botar para abajo las paredes de lo que usted define como comunidad y permítase a amar y respetar a todos.

"El amor y la compasión son necesidades, no lujos, sin ellos la humanidad no puede sobrevivir".
-Dalai Lama XIV

Un individuo no ha comenzado a vivir hasta que puede elevarse por encima de límites estrechos de sus preocupaciones individualistas a las preocupaciones más amplias de toda la humanidad.
-Martin Luther King hijo.

"Haz todo el bien que puedas. Por todos los medios que puedas. En todas las maneras que puedas. En todos los lugares que puedas. En todas las veces que puedas. A todas las personas que pueda. Mientras cada vez que pueda."
-Wesley, John

"Señor, hazme un instrumento de tu Paz. Donde hay odio, déjame sembrar Amor, donde hay daño, Perdón, donde hay oscuridad, Luz, y donde hay tristeza, Alegría".

Capítulo 11

Aplicación del Pensamiento Lógico

Hasta este punto, hemos discutido cambiar nuestra manera de pensar a un modelo lógico. Este cambio se traduce en un enfoque más racional de las tareas que enfrentamos en nuestra vida cotidiana, ya sea que la tarea sea obligatoria, impuesta o voluntaria. Estas tareas también pueden ser metas que hemos establecido o problemas en nuestras vidas que necesitan ser superados. Empezamos identificando la tarea, usando la introspección para reflexionar sobre experiencias pasadas similares. También usamos la lente del análisis objetivo para buscar tendencias que resultaron en éxito o fracaso. Todo esto suena complicado al principio no lo es. En realidad, es una manera de hacer la vida menos complicada. Al organizar su enfoque y buscar la coherencia, el resultado será un patrón de pensamiento más eficaz que es menos inhibido por las emociones. Es mucho más fácil lograr una meta que se define, ya que es menos probable que se distraiga y evitar no terminar lo que empezamos.

Disfruto jugueteando y, a menudo, asumiré más de un proyecto. Esto finalmente lleva a tener varios proyectos sin terminar en mis manos. Mediante el desarrollo de un patrón de pensamiento lógico, estamos adoptando una manera de ver nuestro negocio y la vida en el hogar como tareas componentes. Rompemos estas tareas en partes componentes y creamos una lista de verificación o un plan escrito para abordar cada parte de la tarea. A continuación, podemos aplicar nuestro plan, y si no es exitoso, utilizamos las ideas de ese fracaso como una perspectiva para reevaluar nuestro plan. Esto nos puede ayudar a hacer cambios lógicos que pueden aumentar nuestra probabilidad de completar la tarea con éxito. También usamos la introspección para reflexionar sobre experiencias pasadas similares para descubrir las tendencias. Podemos encontrar barreras en estas tendencias que nos impidieron tener éxito.

Nosotros podemos encontrar buenas estrategias que podrían agregarse a nuestro plan para ayudar a lograr el resultado deseado. Podemos estar de acuerdo en que hay mucho que decir de este enfoque, pero ¿Cómo se puede utilizar en nuestra vida diaria? Funciona bien porque es eficaz en cualquier tarea, ya sea grande o pequeño, imperativo o conveniente, obligatorio, impuesto o voluntario. Una vez que este método de pensamiento lógico se emplea regularmente, se convierte en una vía neural bien establecida. Se requerirá un menor esfuerzo en el futuro al emplear este método con mayor frecuencia. Una vez empleado y utilizado regularmente, el individuo promedio volverá a programar su forma de atacar una tarea.

Tomemos una tarea común y trabajemos a través de ella usando el método como lo hemos expuesto hasta ahora. Imagine que el problema es que ya no quiero alquilar mi casa. Reformado como objetivo: Quiero tener mi propia casa. Reformulado como una tarea: Necesito asegurar el financiamiento para comprar una casa. Al pasar por el proceso de romper la meta en tareas de componentes, nos dirigimos en la dirección correcta. Esto nos ayuda a dictar el curso que vamos a tomar para ser lógico, y no emocional.

Ahora tenemos que dividir la tarea en partes componentes, identificando todas las partes que podemos y sin dejar ninguna variable desconocida sin resolver. Una vez que hemos identificado todos los componentes, crearemos una lista de comprobación de ellos. Antes de leer mi esquema, podría valer la pena crear sus propios resultados y compararlos. Luego escoja una tarea en su vida en la que esté trabajando actualmente y aplique los principios del pensamiento lógico a ella. Vamos a empezar con el ejemplo: tarea - financiación segura para comprar una casa:

Lista de tareas de componentes (lista de verificación):
• Desarrollar nuestro presupuesto familiar

- Asegurar el pago inicial estimado
- Vaya al banco para averiguar qué cantidad se aprueba para
- Una vez aprobado previamente para una cantidad de prohibición evaluar las perspectivas en el mercado de la vivienda en mi rango de precios.
- Compruebe el costo mensual de la hipoteca, incluya los impuestos y el seguro
- Comparar el costo a nuestro presupuesto familiar
- Lograr una inspección de la casa, comparar la calidad y las tarifas competitivas
- Aplicar el pago inicial y haga la compra

Tenga en cuenta que no seguimos el camino emocional que muchos estadounidenses toman, haciéndolos vulnerables. Pueden ir a buscar la casa para enamorarse de una casa y comprar emociones irracionales. Entonces vaya al banco para conseguir la prohibición en la casa. Obtienen una prohibición más que probable para una casa que está fuera de su alcance. Nunca lo revisan en contra de su presupuesto, y no pueden predecir con precisión los costos futuros, incluyendo la pintura, el suministro y el aumento de los costos de energía, todo lo cual conduce a problemas financieros. Los bancos no han sido de mucha ayuda en estos días con evaluaciones incompletas que se están haciendo para calcular el porcentaje que un banco puede prestar y hacer una prohibición de presupuesto que la persona no puede apoyar. El banco está en el negocio para hacer prohibiciones, al igual que estamos en el negocio de la auto-preservación. Es suficiente no para pasar cuando podemos tener éxito si nos atenemos a la probada y verdadera metodología del pensamiento lógico. No nos preocupa que el banco haga un trato en una casa que nuestro presupuesto no puede permitirse. Nos preocupa adquirir un buen hogar; Uno que está a punto de aumentar en valor y no ser costoso poseer. Al poseerlo, no queremos hacernos ricos en casa y pobres en dinero. En otras palabras, nos atenemos a los límites de nuestro presupuesto. Las prohibiciones más emotivas son aquellas que no tienen interés.

Cuando escucho que la gente está comprando casas como esta, me hace preguntarme cómo permitieron que sus emociones asumieran plenamente su proceso de toma de decisiones. Conseguiremos lo que queramos a cualquier precio, podrían decir. Conseguiremos una prohibición con una tarifa indeterminada y no pagaremos nada en la prohibición principal. Luego cada cinco años vamos a tener esa cantidad de prohibición que aumenta más que nuestros potenciales aumentos salariales. Esta es una fórmula para el desastre. Es una postura emocional que puede tener un enorme impacto en nuestra vida financiera, empresarial y personal. Cuando dejamos que nuestras emociones obtengan lo mejor de nuestro proceso de toma de decisiones, a menudo nos dejamos vulnerables. El banco entiende esta vulnerabilidad y se aprovecha de ella, así como cualquier empresa con un producto para vender. Al ofrecernos cosas que no necesitamos y no podemos pagar, apelan a nuestras emociones. Si los dejamos triunfar, esas emociones pueden hacernos resentirnos a nosotros mismos, a nuestra familia ya nuestra vida. A estas instituciones no les importa si fracasamos o triunfamos mientras ganan dinero. Comenzar por el camino correcto es tan importante para cruzar con éxito la línea de meta.

En nuestro proceso lógico para lograr la tarea - asegurar el financiamiento para comprar una casa - identificamos que necesitaríamos el pago inicial estimado. El pago inicial que se requiere para los residentes primarios por la mayoría de los bancos es 10%. Lógicamente, este es un buen comienzo, pero el banco consigue forzar PMI en usted que es otra carga mensual. Podría ser eliminado si podemos hacer un pago inicial que es el 20% del costo total. Independientemente de qué porción del pago inicial podríamos hacer, el principio que hemos aprendido es establecer el pago inicial de un lado antes de ir al banco. Las personas que piden prestado el pago inicial y piensan que van a pagar con éxito una hipoteca y la prohibición están equivocados.

Yo sé lo que algunos de ustedes están pensando; Debe haber nacido rico. Absolutamente no. Yo era muy pobre y fue a través de observar los errores de mis predecesores y escuchando buenos consejos que he sido capaz de evitar estas trampas. Si usted no podría ahorrar poniendo el dinero lejos, ¿cómo usted va a pagar el dinero con la carga financiera adicional de una hipoteca casera? Dar la espalda a sus emociones le permite escudriñar las motivaciones de su agente de bienes raíces, cuya comisión aumenta con las compras más caras que pueden hacer que usted se comprometa. Entonces, ¿quién está mirando hacia fuera para sus mejores intereses? Es sabio que usted esté comprometido en ese trabajo o usted descubrirá la manera dura que confiar en otros puede llevar a ser aprovechado de.

Usando su mente racional para escudriñar el consejo de otros es una herramienta valiosa. Usted no iría a comprar un coche nuevo sin comprobar la factura fuera de línea, ponerse en contacto con algunos distribuidores en su área, y tratar de aprovechar un precio justo que es el mejor precio para usted. Tal vez usted está eligiendo no tomar consejos en su valor nominal mediante el uso de pruebas científicas. Esto suena como un trabajo para la mayoría de la gente, pero no es más trabajo de lo que sería tomar para pagar los precios inflados adjuntos a la mayoría de las compras más caras. De hecho, es mucho menos trabajo.

Ya sea comprar una casa o negociar para una casa, iniciar un negocio o terminar un título académico, los principios aprendidos aquí servirán para aumentar sus posibilidades de éxito. Estamos gobernados por nuestros pensamientos, que impulsan nuestros comportamientos. Eso a su vez cambia o refuerza nuestros pensamientos, que pueden espiral desde allí. No podemos permitir que este proceso sea piloto automático. En cambio, es imperativo que tomemos una rutina activa en el curso de nuestras vidas.

Nosotros tenemos que darnos cuenta de que hay un efecto combinado con lo que hacemos todos los días. Cada día tenemos opciones y cada opción que hacemos se suma. Cada día se desarrolla en una semana y va desde allí. Lo que haces importa; Cómo lo haces importa. Cómo ve cada tarea y cómo administra las tareas de su día, semana y año. ¿Cómo planificar para su futuro y cómo abordar ese futuro será importante para usted?

Si eres feliz con tu vida y dónde estás, eso es genial. Tienes mucha suerte. Pero conozco demasiadas personas con metas no desarrolladas. No han actuado su potencial y tienen remordimientos. El arrepentimiento es una emoción que todos debemos evitar.

Siempre he estado interesado en el entrenamiento con pesas. Como un fisioterapeuta, ahora uso muchas de las técnicas que solía confiar en para el entrenamiento personal con pesas. Sin embargo, los uso en una forma mucho más avanzada para mis pacientes. Una técnica que he utilizado es el entrenamiento de resistencia progresiva. La idea es que el aumento gradual de la resistencia crea un cambio fisiológico en nuestro cuerpo, que le permite crecer en fuerza.

Apliquemos esta técnica a nuestras mentes. Podemos comenzar trabajando duro todos los días en formas pequeñas y útiles para construir su mente racional, relaciones, físico y finanzas. Todo el mundo comienza este proceso en diferentes lugares. Siempre sentí como si empezara la carrera de la vida muy atrás de mis compañeros. Mi familia vino de los medios humildes y yo era el primero entre ellos para ir a la universidad y ganar un grado. Tuve que reinventarme reexaminando todas las cosas a las que estaba expuesto. Crecí en un ambiente emocional y fiscalmente inestable.

Yo recuerdo mi momento de shock. En mi primer año de universidad me asusté por lo desprevenida que estaba, y por cuántos de mis compañeros de clase estaban siendo apoyados por sus familias. Le pido encarecidamente, si tiene hijos, que ponga dinero a un lado en un Fondo 529. Planee sus hijos y planifíquese por usted mismo. Un entrenador de cualquier equipo no va a ir al campo sin tomar el tiempo para entrenar a sus jugadores. Puede analizar las películas del oponente y desarrollar una estrategia para acercarse al juego. Tenemos que abordar racionalmente nuestras vidas como esta lentamente pidiendo más de nosotros mismos y la preparación para cada fase de nuestras vidas.

Mi familia no estaba preparada para la universidad, lo que me puso una pesada carga. Trabajé varios trabajos, que tomaron el valor. Tiempo fuera de mis estudios. Pero tuve que eliminar enormes prohibiciones de estudiantes.

Mi momento de shock tomo lugar en mi clase de Biología. Mi profesor de biología era una persona asombrosa. Él fue el primer profesor que conocí que no se escondió detrás de su posición o tratar a su clase menos respetuosamente de lo apropiado. Tenía confianza e inteligencia, y vio algo en mí que no veía en mí. Me dijo que sería un gran profesor de Biología. Le dije que me sentía honrado, pero que los salarios de los profesores eran bajos y yo era pobre. Yo estaba aquí porque tenía prohibiciones equivalentes a las de un país pequeño.

"Siendo un profesor es un confiable y gran ingreso", dijo. "Y me da tiempo para hacer otras cosas, pero yo soy un agente de bienes raíces y que es donde la mayor parte de mi dinero viene de Mi trabajo como profesor es el presupuesto de que vivo y mi trabajo como agente de bienes raíces es el dinero que Utilizar para invertir ".

Hasta este punto, yo nunca había estado expuesto al concepto de ahorrar para la jubilación o de dedicar un segundo trabajo sólo para ese propósito. Mi mundo se expandió en ese momento, no sólo al modelo científico de pensamiento, sino también al concepto de elegir lo que te interesa y complementarlo con lo que necesitas obtener. ¿Cuántas personas saben que se están gastando en una deuda irreversible? Son personas que amenazan el futuro de su familia. Recientemente, un amigo cercano me confió que estaba negociando opciones para llegar al pago del 10% que necesitaba para comprar su casa. En el curso de haciendo esto, las cosas se pusieron muy serias y muy mal y el terminó en el gancho con $ 20,000. Él es un hombre trabajador, inteligente, pero cortó esquinas y sus inversiones no funcionó. Disfruto de invertir fuera de mi 401 (k). El gasto discrecional como el que reservamos para las vacaciones es útil para este tipo de especulación.

En los años de los 90's durante el auge tecnológico, recuerdo a la gente discutiendo las nuevas mías financieras. Fueron atajos y explotaron en personas que no estaban dispuestas a admitir que las formas probadas y verdaderas de crecimiento y protección de la riqueza aún podían funcionar. Todavía es importante ser prudente y recordar el presupuesto que ha establecido. Todavía es importante evitar el retraso en su hipoteca para que pueda comprar esos útiles escolares para su hijo e ir a esas vacaciones familiares. Todavía es importante esperar lo mejor para prepararse para lo peor.

Establecer un fondo de día lluvioso. Disfrute de su vida, pero plan para ella. Trabajar duro para seguir adelante sin renunciar a las relaciones importantes. Usted puede tener todo, pero usted debe trabajar para maximizar su potencial mientras que el apoyo a su familia. Usted no hará esto siendo impulsado por sus emociones. No ceder a sus deseos, especialmente aquellos que son destructivos para la salud física y financiera.

Los comportamientos son lo que mostramos, pero lo que motiva nuestros comportamientos son más profundos y lo que influye en las actitudes es nuestro proceso de pensamiento lógico.

Piénselo: estaba dispuesto a evaluar quién era yo y por qué era así, y hacer algo diferente para crear un cambio. Cambié mis hábitos y contravino cómo crecí, quiénes eran mis amigos y cuál había sido mi posición en la vida. Hacerlo me ayudó a superar todas mis expectativas.

Recuerde que usted tiene que entrenarse para crear la motivación. Esto le permite apoyar y planificar sus pasos para crear un éxito más. Una vez que llegue allí, llegar a ayudar a la próxima persona y conducirlos si es posible. Mi profesor de biología fue una gran influencia para mí. ¿A él le importaba y fue más allá? y que me influyo de una manera muy poderosa. Podemos influenciar a los demás de una manera positiva y eso perpetuará una mejor generación futura. El auto-sacrificio de esta manera perpetúa una sociedad mejor y un mejor usted. He conocido a demasiados narcisistas egoístas que están destruyendo el verdadero tejido de la sociedad. Ellos son impulsados por la codicia y pasan el tiempo conspirando y planeando su camino sobre otros. Pueden tener éxito en el corto plazo, pero probablemente dejarán una estela de mala voluntad.

¿Cómo vas a tener éxito? ¿Vas a tirar a alguien en el autobús? ¿O trabajará para ser exitoso mientras trae a alguien más con nosotros a lo largo del camino? Tal vez podamos volver a programar nosotros mismos para el éxito y servir de ejemplo a los demás.

"Construir un mejor usted es el primer paso para construir una América mejor."
-Zig Ziglar

Si lo puedes soñar, lo puedes lograrlo. Obtendrás todo lo que quieras en la vida si ayudas a otras personas a obtener lo que quieren. "
-Zig Ziglar

No te conformes más con el modelo de este mundo, sino ser transformados con la renovación de tu mente. "
-Apostle Paul

Capítulo 12

Cambie Su Respuesta

Yo he pasado toda una vida en este aspecto del pensamiento lógico. Su reacción en mí misma fue una de las razones principales por las que empecé esta búsqueda para encontrar una manera alternativa de vivir. He realizado la calistenia mental necesaria para reconstruirme, y para quitar las variables que no he elegido o no tuve influencia sobre. Esto incluye donde crecí y que tuvo un gran impacto en mí como un niño. Veo las oportunidades que he proporcionado para mis hijos, y de una manera estoy orgulloso. En otro, entiendo que no todos estamos empezando en el mismo lugar. Estoy de acuerdo con Amelia Earhart de que los afortunados que tengan sus aeródromos construidos deberían despegar. Aquellos de nosotros que no necesitamos enrollarnos las mangas y llegar al trabajo. Ahí es donde la introspección puede ser tan importante. Simplemente tener un plan solo no va a llegar lejos.

Yo tenía un jefe egoísta cuando era más joven. Era un narcisista que amaba el sonido de su voz. Le encantaba dirigir una reunión. El problema era que él nunca tenía una agenda y la divagación sobre mató a los que tuvieron que soportarlo. Vale la pena considerar el marido que no pedir direcciones y velocidades por delante en el camino para perderse.

Nuestra reacción humana a no tener un plan y perderse es la ansiedad o la apatía. Esas respuestas siempre van a llevar al desastre. Tenemos que prepararnos para nuestro futuro. Pero qué sucede cuando usted tiene el plan perfecto; ¿Cuándo se ha realizado el análisis, se ha fijado el presupuesto? En muchos casos, un surge una variable inesperada y las cosas no salen como estaba planeado.

La forma en que reacciona en este caso puede marcar la diferencia entre el éxito y el fracaso. La mera palabra implica todo: la reacción implica ira, ansiedad, frustración y duda de sí mismo. Debemos tener un plan de contingencia y si eso no funciona, tenemos que recurrir a nuestro pensamiento lógico, en lugar de nuestras emociones. Realmente pondrá a prueba su crecimiento en el progreso de las reacciones emocionales al pensamiento lógico cuando carne a través de los difíciles obstáculos. ¿Vas a caer de nuevo al piloto automático y ser absorbido en el abismo de la apatía? No cuidar por miedo o ansiedad. No nos importamos porque tenemos miedo de fallar.

Es importante aceptar las pruebas de la vida con el conocimiento de que las personas exitosas se han enfrentado a ellos y han triunfado. No se aleje de su camino racional para volver a una respuesta emocional.

Muchos estudios que han demostrado que los niños que pueden controlar sus impulsos pueden centrarse mejor, llevarse bien con otros, y son generalmente más exitosos. Podemos aprender cómo responder a la decepción, y podemos ser mejores en el control de nosotros mismos. Nuestras emociones a menudo dictan nuestro comportamiento. Pero tener control sobre nuestras emociones nos permite ser mejores en socializar, concentrarnos, perseverar y controlar nuestras respuestas, especialmente en tiempos de decepción o pérdida. Tenemos que cambiar y alejarnos de nuestro lado primitivo emocional y seguir siendo vigilantes en el desarrollo de nuestro pensamiento lógico. Esto nos obliga a sobresalir en el control de nuestra impulsividad, que es un subproducto de la respuesta emocional.

"Para gozar de buena salud, traer la verdadera felicidad a la familia, traer la paz a todos, primero hay que disciplinar y controlar la propia mente." Si un hombre puede controlar su mente, puede encontrar el camino a la iluminación y toda la sabiduría y virtud Naturalmente vendrá a él."
-Buddha

Capítulo 13

Alcanzando Otras Personas

U na de las cosas que más me gustó de los militares fue trabajar con la comunidad. La mayoría de nosotros somos personas con ideas afines y nos apoyamos de diferentes maneras. Tratamos de llegar de una manera positiva para influir en las personas nuevas. Influir en los demás nos ayuda a todos.

"Hay un argumento lógico que hay virtud en ser virtudes.
No es suficiente tener una buena mente, lo principal es aplicarlo bien." -Descartes

Tenemos que dejar de intimidar a otros. Esto incluye humillar, desmoralizar, chismorrear y marginar a otros. Tenemos que dar ejemplo a través de la generosidad y de la gracia. ¿Por qué la gente es tan propensa a hablar o lastimar a otros? El miedo y el prejuicio, que se basa en el miedo, son las razones más importantes. La mayoría de la gente que pone otros abajo son inseguros. No puedo soportar la política de algunos círculos sociales. Tenemos que ser conscientes de la existencia de este tipo de comportamiento para que podamos protegernos de ella y mantenerse alejados de participar en ella. Es lamentable y es una forma de intimidación. He sido víctima de agresores intelectuales en el pasado. He aprendido a observar este tipo de personalidad y me mantuve lejos de ella. Ellos están calculando y generalmente comprometidos sólo con ellos mismos. Ellos están comprometidos con sus logros personales porque son inseguros, de mente pequeña, temerosos y narcisistas.

Tome lo que ha aprendido de este libro y ser mejor. Obtener el éxito que desee y llevar una mano hacia abajo y ayudar a alguien más en la escalera. La mayoría de las personas que han pasado por la novatada no puede esperar a estar en el final dando. No se involucren en actos vengativos que van en contra del bien mayor. Como tantas otras posiciones emocionales, no son lo que te lleva donde quieres estar. Desafortunadamente, muchas de estas personas han encontrado el éxito como matones de cualquier tipo suelen hacer. Planean, manipulan y aprovechan su poder. Hay una mejor manera y debemos cambiar el rumbo e incluir a los demás.

Los pilotos son excelentes en lograr esto, al igual que los exalumnos de la universidad, cuidándose el uno al otro y apoyándose mutuamente. ¿Cuántas veces ha oído hablar de veteranos ayudándose unos a otros? Podemos hacer lo mismo. Podemos reemplazar a los pensadores emocionales que pueden haber ganado posiciones de liderazgo porque son pensadores avanzados pero cuyas intenciones son egoístas y crueles. Analizar, trabajar duro, planear, apoyar el pensamiento, y una vez que tenga éxito, sea consciente del bien mayor.

Recuerda no caer en la trampa del jefe miserable que hace a todos alrededor de él miserable. Trabajé con mi parte de estas personas egoístas y narcisistas. A menudo buscan hacer que otros se sientan miserables y se sobrepongan a todo el mundo. Aquellos torturadores intelectuales y empresariales son una broma y nadie. está riendo. Pero lo que están enviando son mensajes sutiles que el mundo no necesita. Lo que el mundo necesita es alejarse de este tipo de pensamiento y comportamiento y más cerca de una posición lógica. Una vez que hemos identificado este tipo de personas, todavía puede ser difícil evitarlas, por razones laborales o profesionales.

Yo frecuentemente me pregunto cuántas familias han sido perjudicadas por este tipo de personas. Creo que aprendí más sobre ser un buen líder viendo a un líder pobre y asegurándome de no caer en sus hábitos. Quieres una vida diferente, deja de perder tiempo con pensamientos y actividades vacías, crea un plan, entiende sus partes componentes y consigue un comienzo. Mientras prepara su salida de un jefe tiránico, es común aferrarse a las emociones que pueden agitar los pensamientos negativos. Sin embargo, es importante estar preparado para redireccionar pensamientos negativos en positivos.

Creo que los antídotos preparados son una buena intervención práctica cuando esto sucede. Los aprendemos como pilotos. Por ejemplo, el pensamiento puede ocurrir para romper una regla a través de la lógica de que las reglas no se aplican. En este caso, el antídoto es que hay mies por una razón y las reglas nos mantienen a salvo. No podemos dejarnos caer por la influencia negativa de las personas emocionales que están gobernadas por pequeños celos y egoísmo.

Tenemos una sociedad en crecimiento que puede verse afectada negativamente por Internet. Las redes sociales han llevado a la intimidación generalizada de nuestros jóvenes. Los niños son nuestro futuro y necesitamos inculcar en ellos la capacidad de ser desinteresados. Necesitamos compartir y darles la capacidad de respetar y apreciar la diferencia, y la humanidad de llegar a otros en momentos de necesidad. Tenemos el mundo entero en nuestra exposición, sin embargo, más y más personas se están dejando de lado y se sienten aislados. Richard Cumberland escribió que "promover el bienestar de nuestros semejantes humanos es esencial para la" búsqueda de nuestra propia felicidad.' "

Avance lo que aprenda aquí a los demás. Hacer un mejor usted y una comunidad mejor. Juntos vamos a crecer esa comunidad para cambiar el mundo para mejor. Dejemos que la lógica presida nuestras acciones y realmente creo que podríamos cambiar el mundo. Pero si sólo buscamos el camino de la menor resistencia - un curso egoísta de codicia - vamos a disminuir los recursos necesarios para existir en este planeta. En última instancia, elevaremos una generación sin humanidad.

Estoy en las Reservas del Ejército y muchas veces tenemos Desarrollo Oficial, que es una gran manera de revisar los mejores enfoques posibles para el liderazgo. Todos tenemos que buscar a las habilidades de liderazgo, habilidades de relación y habilidades de negocios / financieras. Recuerdo un curso relativa al liderazgo tóxico. El ejército está luchando con una mayor tasa de suicidios. Pierde más buenos soldados que otras ramas militares. Parte de esto podría ser debido a los líderes tóxicos que se interesan por sí mismos, codiciosos y despectivos a los demás. Al intentar desarrollar y ser un líder para su familia, su empresa, su comunidad o su iglesia, vale la pena aprender de aquellos que están causando el impacto contrario. Esforzarse por ser una buena persona y rodearse de gente buena. Tómese el tiempo para desarrollar a los que están a su cargo y desarrollarse.

"Asóciate con hombres de buena calidad si estimas tu propia reputación, porque es mejor estar solo que en mala compañía."
-George Washington

Capítulo 14

Comprometerse al Trabajar Duro

L as habilidades de pensamiento lógico pueden ser una contribución esencial para su éxito futuro. Estas técnicas son muy sencillas y tienen resultados positivos. Para tener éxito en cualquier camino, tenemos que comprometernos con el autodesarrollo perpetuo. El trabajo duro proporciona una de las oportunidades para mejorar nuestras posibilidades de éxito. Esta declaración será recibida de muchas maneras. Algunos pueden responder diciendo que no les gusta trabajar duro.

A menudo oigo los mismos temas al hablar con la gente acerca del auto-mejoramiento. Estos son temas imbuidos de pensamiento emocional. Se revela en su manera, en el tono de su voz, y en la elección de sus palabras. Frecuentemente les hablo a la gente sobre diferentes áreas de su vida. Mi trabajo como fisioterapeuta me da la oportunidad de hablar con mucha gente. Estoy en servicio a ellos en más de una forma. Algunos problemas que se superponen me hacen involucrarlos en muchas áreas diversas. Imagine que alguien se ha lesionado la espalda y su vida laboral ha sido reducido dramáticamente. Ellos entienden inmediatamente que su tiempo para la planificación ha sido disminuida. Si no arreglan una manija en eso, trabajarán más allá de su curso de la vida y su salud física puede sufrir.

Yo les pregunto si han planeado para el retiro. La respuesta más común que escucho es que no han comenzado a ahorrar para la jubilación todavía. Mi respuesta usualmente es la misma. "¿Por qué no han comenzado todavía? La respuesta parece ser siempre desde una posición emocional." No puedo darse el lujo de ahorrar para ello.

Pocas veces he encontrado que esto es cierto. Las razones subyacentes son por lo general un impulso emotivo. Yo quiere el dinero para otra cosa. La otra cosa es, por lo general, para satisfacer una gratificación inmediata. Separación de nuestras necesidades de nuestros objetivos objetivamente es imprescindible para madurar en un modelo de pensamiento lógico y alejarse de un modelo de pensamiento emocional. Tenemos que ser más objetivo en para ser más exitosos.

Nosotros no podemos ser pensadores lógicos sin entender el compromiso de trabajo necesario para que esto cambie nuestras vidas.

"De la contemplación uno puede llegar a ser sabio, pero el conocimiento viene solamente del estudio."
-A. Edward Newton

Ya no podemos aceptar lo que nos dicen o lo que estamos siendo inundados. Hemos establecido que cualquier persona que comparte ganancias personales en nuestro proceso de toma de decisiones no se puede confiar para ser honesto. Esto significa que debemos probar la información que nos proporcionan los terceros que son leales a sus propios intereses. Los ejemplos incluyen: "éste es el más barato que usted encontrará un coche como esto." Un pensador lógico no va a aceptar eso como un hecho cuando es proporcionado por alguien que está a ganar de nuestra aceptación incuestionable. El trabajo es fácil y necesario para asegurar que somos tratados apropiadamente. Un ejemplo implica la compra de un coche. La mayoría de la gente es muy impulsiva y va sobre esta tarea de una manera que los fija para ser víctima de un vendedor astuto. De hecho, el trabajo en la compra de un coche nuevo debe comenzar tres a seis meses antes de hacer la compra. Debe comenzar con la revisión de un recurso de informes de los consumidores y averiguar lo que los vehículos menos costosos y más fiables de poseer son. Debe incluir la consideración de las tasas de seguro y su impacto en su presupuesto. También debe incluir la consideración de kilometraje de gas y los costos totales. Finalmente, debe involucrar a los distribuidores visitantes y descarga de hojas de especificaciones de fuentes confiables en Internet. Si un intercambio es parte del acuerdo, los libros de reventa en automóviles necesitan revisarse y el coche que estamos negociando debe ser asignado un valor aproximado.

Estamos utilizando recursos para probar y volver a probar nuestros precios para poder asegurar que somos expertos en la materia, lo que mejorará nuestras posibilidades de asegurar el mejor trato. Una persona promedio que compra un automóvil nuevo paga el 15% sobre la factura. Una vez que cambiemos nuestra manera de pensar, no nos permitiremos aprovechar de esta manera. En el libro El Millonario El La Siguiente Puerta, se toma una muestra de verdaderos millonarios y los datos se compilan para ayudar a la gente promedio a ver la conexión entre sus opciones y su riqueza. Lo que se recomienda que la mayoría de los millonarios hacer es comprar un sedán americano de segunda mano. Es sorprendente que la persona promedio está esforzando su presupuesto para pagar los coches más nuevos y más caros. ¿Cuántas personas juegan en la lotería? La probabilidad media de ganar es de 1 en 100.000.000. Pero la gente gasta sus recursos con esas probabilidades. ¿Por qué tantas personas encuentran tan fácil contribuir a la base impositiva de un estado jugando a la lotería y tan difícil de contribuir a un IRA, 401 (k) u otro plan de ahorro? Sus posibilidades de un retorno son mucho mayores si el dinero es salvaguardado y puesto en lugares donde puede crecer. Estamos mucho mejor teniendo en cuenta la situación lógicamente. Claro, sería genial ser millonario. Pero, ¿Qué método es probable que te lleve allí?

Ahora que les parece si nos comprometimos y realmente al trabajar más duro. Eso podría venir en forma de otro trabajo o un negocio secundario con bajo riesgo. Podría dar lugar a la comisión de una parte de esos fondos para nuestros ahorros al largo plazo. Si lo hicimos, ¿Qué posibilidades tendríamos de trabajar para aumentar nuestra autoestima? Sería mucho mejor que el riesgo de no retorno y mucho más lógico utilizar una parte de nuestras ganancias para dejar de lado, por lo que estará allí cuando ya no podemos trabajar.

Al final, el trabajo duro es necesario para obtener los ingresos adicionales para alcanzar nuestros objetivos. ¿Cuánto más difícil sería convertirse en un experto en la materia presentado, reunirse con un asesor financiero mensual, o un contador, junto con leer libros sobre el tema? No suena glamoroso o emocionante y no lo es. Pero es metódico e increíblemente eficaz. No hay tal cosa como un almuerzo gratis. No lo busque o espere. Si no es difícil, probablemente no vale la pena tenerlo. Trabajar duro y pensar a través de sus objetivos de manera objetiva. Defina sus deseos y necesidades. El dinero es un recurso limitado. No se puede gastar en todo lo que quieras y esperar a ser confortable en sus finanzas. Controle sus emociones y evite mantenerse al día con los Jones. Comience por analizar por qué desea gastar su dinero y por qué desea una marca específica o tipo de elemento cuando hay alternativas menos costosas. Comprar una alternativa de calidad, menos costosa y comprometer el dinero al ahorro es racional. Comprar un caro lujoso coche porque crees que te lo mereces o porque un amigo tiene uno es emocional. Sea racional, trabaje duro, y sepa la diferencia entre sus deseos y necesidades.

"Lo más que trabajo, lo más afortunado soy."
-Donald Trump

Capítulo 15

Deseos contra Necesidades

Nosotros hemos discutido la importancia de trabajar duro para lograr sus metas, hacer su tarea y usar referencias para analizar las opciones de manera efectiva. También hemos descrito cómo convertirse en expertos en materia, y utilizando la introspección para ganar perspectiva de los intentos anteriormente no exitosos. Finalmente, hemos discutido asumiendo una postura de pensamiento lógico de todos los tiempos para cambiar las perspectivas y finalmente redefinir quiénes somos. Pero refinarnos a nosotros mismos de esta manera nos permitirá redefinir quiénes somos y cómo cumplimos tareas que acumulativamente impactan nuestra vida.

Este es el proceso de reprogramación para el éxito. Al hacer esto, necesitamos evaluar nuestras necesidades y disfrazar nuestros deseos.

En nuestra sociedad orientada al consumidor, esto definitivamente no es una tarea fácil. La publicidad compite constantemente por nuestra atención. La naturaleza de nuestra sociedad gira en torno a la creación de demanda de productos. Como resultado, estamos constantemente bombardeados con publicidad lisa diseñada para movernos a la acción. La acción deseada siempre está realizando una compra. Estas técnicas publicitarias pueden ser directas o indirectas. La influencia de la publicidad ha estado con nosotros desde la infancia y ha continuado ininterrumpida hasta el día de hoy. Desde el momento en que primero escuchamos la radio, miramos la televisión, vimos una película, pasamos por una valla publicitaria o leímos una revista. Esto puede parecer una declaración dramática. Pero los ejemplos que puedo proporcionar crean un caso caótico.

¿Qué tipo de productos compra? ¿Puede nombrar un anuncio que ha influido directamente en su compra? ¿Puede nombrar uno que ha impactado indirectamente su compra? ¿Puedes terminar este jingle: "¿Hazlo a tu manera en _____, A _____ y una sonrisa?"

Constantemente estamos siendo presionados para gastar nuestros recursos. Separar nuestras necesidades de nuestras necesidades es imprescindible para cambiar nuestro pensamiento de una manera que nos permita ejecutar decisiones más influenciadas por el pensamiento racional. El punto de vista emocional no nos permitirá nublar nuestro juicio e impactar nuestras finanzas. Perspectivas emocionalmente impulsadas sobre el dinero para crear placer son siempre cuestionadas bajo una lente lógica. No puedo pagar ese coche deportivo, pero lo quiero y puedo desearlo y puedo preocuparme por cómo lo pagaré más tarde. Esta es la receta para el desastre que plaga nuestras mentes empresariales y nuestros hogares. La postura lógica sería averiguar lo que nuestro presupuesto puede absorber, y luego determinar un vehículo confiable y fiable que se ajuste a nuestras necesidades. Haciendo nuestra tarea aquí puede incluir el uso de informes de consumo, la creación de un análisis de presupuesto, y una comparación objetiva de vehículos nuevos y usados.

Muchas personas sienten que esta es una pequeña decisión que es demasiado insignificante para la materia. Yo diría que las pequeñas decisiones que tomamos se suman a lo largo del tiempo y pueden tener un gran impacto en nosotros. Si estamos en espiral hacia el peligro financiero, esto puede afectar nuestras relaciones personales, nuestras relaciones comerciales y nuestra salud. Esto finalmente conduce al éxito ya la felicidad o al fracaso ya la frustración.

Cuando empezamos con deseos emocionales en lugar de necesidades lógicas, nos estamos preparando para el fracaso. Cuando iniciamos una tarea con lógica miramos lo que realmente necesitamos y analizamos la tarea, dividiéndola en partes componentes y generando una lista de verificación. Revisamos nuestro contenido y nos convertimos en expertos en la materia, analizando todas las variables asociadas con la finalización de la tarea. Hacemos nuestro intento y aprendemos a través de nuestros fracasos para proporcionar la luz de la perspectiva. Entonces asignamos racionalmente la falla a la variable o variables que condujeron a nuestro fracaso para que puedan ser reemplazadas sistemáticamente. De esta manera, hacemos otro intento, y seguimos adelante hasta que tengamos éxito.

Hace poco tuve un estudiante en mi oficina. A menudo tenemos estudiantes que están a punto de graduarse de la universidad y quieren seguir la terapia física como una carrera. Para solicitar la escuela, tienen que tener experiencia en el campo. Esto ofrece la oportunidad de decidir si el trabajo es algo que quieren dedicarse y permite el escrutinio de las cualidades que poseen los profesionales en el campo. El resultado de la evaluación puede ser bueno o pobre, dependiendo del esfuerzo del estudiante, la asistencia, la comunicación, los compañeros y las interacciones del paciente. Las horas en el entorno profesional por sí sola no les ayudará a entrar en la escuela, por lo que tienen que adaptarse a su entorno y brillar para ganar una recomendación positiva. A menudo voy a decirle al estudiante dónde pienso que están y cómo mejorar para obtener el resultado que buscan. Más a menudo que no parece que no se ajustan, y al final no puede parecer evolucionar en la persona que brilla y logra la recomendación brillante.

Sus emociones impiden su progreso. No pueden aceptar la crítica constructiva y hacer los ajustes necesarios. Uno pensaría que, si se les dijera qué cambiar, lo harían fácilmente. Pero una y otra vez veo a los estudiantes que responden emocionalmente a la ayuda constructiva. Por desgracia, las emociones son a menudo demasiado fuertes y obliga a los mecanismos de defensa a interferir con el éxito. La negación es a menudo la causa raíz, llevando a la racionalización. Imagine un médico que dice que tiene sobrepeso y que está haciendo que su presión arterial aumente. Las posibles racionalizaciones son infinitas. "El médico tiene sobrepeso". "Sólo soy de huesos grandes". "No creo que el peso sea el problema".

Escucho muchas de estas respuestas en mi propia experiencia con los pacientes. Un médico les dice lo que necesitan para cambiar, y en lugar de crear este cambio, reaccionan emocionalmente y niegan que hay un problema. Cuando esto sucede, el problema persiste y agrava el problema de salud, creando una situación potencialmente dañina.

¿Cómo vamos a mejorar nosotros mismos cuando dejamos que nuestra salud salga de nuestra capacidad de manejarla? Pero yo diría que el mayor desafío que enfrentamos la mayoría de nosotros es la autogestión. La longevidad puede ayudar a producir el éxito. Cuanto más tiempo tengamos saludable, más tiempo podemos permanecer productivos. Cuanto más productivos somos, más altas serán nuestras ganancias y más podremos ahorrar. Pensamientos racionales nos ayudarán a mantener nuestro rumbo y evitar el fracaso.

Volvamos a nuestra discusión sobre los fondos de jubilación. Sabemos que tenemos que ahorrar para la jubilación, pero no queremos sacrificar nuestro estilo de vida para hacerlo. Por procrastinar nuestro ahorro para la jubilación estamos haciendo una elección emocional. Esto se hace evidente cuando quitamos las capas de la cebolla. No podemos darnos el lujo de dejar que las emociones dictan nuestro comportamiento. Al no querer sacrificar nuestro estilo de vida, estamos jugando a nuestras necesidades emocionales y gratificación inmediata.

Los pensamientos emocionales que nos guían por el camino equivocado parecen tener su propio vocabulario. Los términos emocionales impactan cómo pensamos y actuamos, cambiando nuestras percepciones, cómo nos sentimos y cómo interactuamos con los demás. Creo que esto es parte del problema que la mayoría de nosotros tenemos. Nuestras emociones continúan afectando nuestra percepción y claridad de pensamiento. En lugar de reaccionar lógicamente, estamos llenos de pensamientos como: No quiero, no siento, y no me gusta. Los términos emocionales no tienen cabida en una mente lógica. Ordene su tema, evalúelo, cree un plan de acción y evalúe el resultado. Con la edad a menudo viene la discapacidad.

Cada uno de nosotros tiene un ciclo de vida y un ciclo de trabajo. Durante ese ciclo de trabajo, es importante ahorrar para el tiempo cuando ya no seremos productivos. Eso es racional y verdadero y una vez que podamos ver esa verdad podemos actuar de una manera que emplea la lógica y echa la emoción. Ahora, ¿cómo lógicamente perseguimos el mejor vehículo de inversión? El lugar más lógico para invertir dinero para la jubilación sería un 401 (k). Muchas personas no se aprovechan del mejor vehículo de inversión y más del 90% de las personas que pueden contribuir a un 401(k) no maximizar las contribuciones. Por ejemplo, una contribución de $1000 da como resultado que un empleador tenga que igualar el 25%, o $ 250. El beneficio fiscal de este vehículo de inversión es $ 280 de dólares pre-gravados en dinero gratis, haciendo que el beneficio total de este vehículo $ 530, o 53%. Ahora piense en el interés durante diez años y usted tiene que preguntarse lógicamente por qué no estoy contribuyendo a 401 (k) de mi compañía. Dado el valor de este oportunidad, es importante preguntarse por qué si no está maximizando esta opción de jubilación.

La mente lógica no dudaría en hacer los sacrificios necesarios para contribuir con este dinero. Muchas compañías ofrecen aumentos en el costo de la vida una vez que se han adaptado a un presupuesto cuando una afluencia de dinero está disponible. Si sólo se asigna al fondo de jubilación, no se perderá porque nunca ha estado disponible. Si es difícil iniciar un 401 (k) ahora, ¿cuán difícil es probable que sea en varios años a partir de ahora?

Comience con una deducción del 5% y cada aumento en el costo de vida y auméntelo hasta alcanzar la contribución máxima. En ese punto otro vehículo de la jubilación se puede utilizar. La mayoría de nosotros es probable que requieren múltiples flujos de ingresos pasivos en nuestro último año. Algunos de los programas gubernamentales disponibles hoy para ayudar a los jubilados, como el Seguro Social, pueden no estar disponibles en los próximos años. Una vez que haya maximizado las contribuciones en su 401 (k), no se olvide de profesionales de referencia para su asistencia. Por ejemplo, un planificador financiero certificado puede ser muy útil para establecer un plan específico. También vale la pena hacer una referencia cruzada de lo que aconsejan hablando con otros expertos en el campo o investigando la información que proporcionan.

Comenzamos esta discusión encuadrándolo como un problema a resolver: ¿Cómo ahorramos para nuestra jubilación? Hemos convertido la cuestión emocional en una tarea de ahorro para la jubilación y luego hicimos preguntas introspectivas para examinar nuestros hábitos de gasto y ahorro. También evaluamos las necesidades versus las necesidades. Hicimos nuestra tarea, tratando de convertirse en expertos en materia leyendo libros y hablando con fuentes confiables, como planificadores financieros y contadores. El plan era muy lógico y había organizado pasos cuidadosos para seguir y lograr. Se expresó como una mera tarea, sin barreras emocionales que interfirieran con un resultado exitoso. Este es un plan claro a seguir, que aumenta la probabilidad de éxito.

Lo emocionante es que este enfoque paso a paso puede ser utilizado para realizar cualquier tarea en nuestra vida personal y profesional. Todo comenzó con la eliminación de las influencias emocionales mediante la identificación de la tarea y la incorporación de la introspección. Definimos nuestras necesidades y las comparamos con nuestros deseos, lo que permitió la reasignación de recursos. Este proceso de redefinición de nuestra forma de pensar nos permitirá adaptarnos mejor y superar situaciones. También nos obliga a reconocer las situaciones ya aumentar nuestra probabilidad de éxito.

Cómo manejamos estas situaciones comienza y termina con nuestra perspectiva. Si vemos una situación emocionalmente, nos estamos preparando para fracasar. Debemos comenzar identificando la tarea, dividiéndola en sus partes componentes, creando una lista de verificación de los componentes identificados e identificando los fracasos pasados para la perspectiva. Siguiendo esta fórmula de pensamiento lógico, nuestras posibilidades de éxito mejorarán. Las razones son muchas y son obvias, como hemos discutido anteriormente. Cuando echamos un vistazo a través de la lente del pensamiento lógico, nuestra situación es más clara. Con las aguas menos turbias, tenemos una mejor vista. Esta visión hace toda la diferencia en nuestro resultado.

Cuando miramos a través de la lente del pensamiento emocional, estamos atrapados como un carro en el barro profundo. Nos vemos atascados en la evitación, la negación, el estrés, los comportamientos relacionados con el estrés y otros estados psicológicos que pueden llevarnos fuera de curso y más lejos de nuestros objetivos.

Este libro pretende ayudar a los lectores al permitir que muchos vean por qué las acciones recurrentes los han llevado al fracaso repetidamente. Las acciones recurrentes impulsadas por la emoción llevan a la gente a repetir los mismos errores. Este libro puede ayudar a los lectores a reevaluar sus vidas y mejorar sus posibilidades de éxito y todo lo que va con él. ¡El camino no es fácil! Tantas veces he visto gente perseguir lo que pensaban que sería un curso fácil antes de conseguir retrasado y luchando. De hecho, si ellos invirtieron en sí mismos y trabajaron duro y lograr sus metas podrían haber evitado este destino. El camino menos recorrido no es fácil, pero a menudo es mucho más gratificante. El éxito exige diligencia constante, trabajo duro y compromiso. Esas cosas por sí solas no pueden llevar a alguien a tener éxito. La perseverancia en la cara de la adversidad y un plan lógico también son ingredientes esenciales.

Este no es un camino fácil y no hay atajos. Hemos sido entrenados desde la infancia para percibir nuestro ambiente emocionalmente. Cuando somos jóvenes nuestros padres tienden a querer hacernos felices. Podrían dejarnos ganar cuando perdemos en un juego o recompensar malos comportamientos al sobornarnos. Entonces como adultos encontramos que las reglas han cambiado sin haber sido dicho. El enfado no funciona. Pero algunas de las percepciones más sutiles, arraigadas se pegan y nos hacen tropezar más adelante. Los comportamientos egoístas que afectan negativamente nuestra capacidad de trabajar en un ambiente de equipo pueden ser revelados. Queremos todo ayer sin pagar nuestras cuotas, o llegamos a la cima y queremos evitar que otros también lleguen allí. Necesitamos tomar un tiempo y considerar que lo que estamos haciendo se puede hacer de una manera mejor y comienza dentro de nosotros mismos.

Aquí hay un ejercicio para el lector: encontrar una situación en su vida que resultó en un final similar en comparación con otro evento o acción. Evaluar las razones por las que existen las similitudes. Ahora visualízate actuando y pensando de manera diferente. Aplique su nueva perspectiva y determine su respuesta con una postura lógica. Es importante ver el problema como una tarea en lugar de un problema. Ejecute los pasos del pensamiento lógico y examine las posibilidades y cómo puede aprender de este ejercicio. Permitir que le ayude a re-programar su mente y cambiar su enfoque a uno que es más propicio para el éxito.

Cuando este enfoque se aplica con regularidad, un patrón se puede establecer con el tiempo que permite una apertura a mejores resultados con un pensamiento más avanzado. Centrarse en el futuro, aplicar las técnicas descritas aquí, y mantener una búsqueda implacable de éxito. Utilice este camino para superar las barreras y evitar la duda de sí mismo. Aprende a pedirte más y no te lastimes si no tienes éxito. El fracaso es meramente una cuestión de perspectiva.

"El fracaso es el éxito si aprendemos de él."
-Malcolm S. Forbes

Capítulo 16

Enfóquese Hacia Adelante

Muchos de nosotros nos dejamos distraer en nuestro camino hacia el logro de una meta. Permitiendo que muchas distracciones alteren nuestro rumbo reduce nuestro impulso hacia adelante. Es esencial que permanezcamos enfocados en nuestros objetivos. Mantener nuestras metas cerca de la vanguardia de nuestras mentes, escribirlas y revisar regularmente nos ayuda a evitar ser desviado. Por esta razón, es imperativo revisar constantemente nuestros objetivos. Muchas personas no toman este paso valioso, y terminan con grandes intenciones y pocos logros para mostrar durante los años de trabajo.

No podemos dividir nuestros recursos hasta el punto de que están tan diluidos que no podemos terminar nuestras tareas. No podemos dividir nuestros recursos entre muchas actividades y esperar tener éxito. La mayoría de nosotros estamos programados para la gratificación inmediata. También somos entrenados por años de exposición a publicidad lisa, que nos anima a gravitar hacia oportunidades para la gratificación inmediata. También somos capaces de autodestrucción y temor al fracaso, lo cual puede hacernos cambiar de rumbo y distraernos de nuestros objetivos. Esta es la esencia de los resultados fallidos, y conduce a, o multiplica, los proyectos de construcción de vida no realizados. Muchos de nosotros estamos cerca de personas que están en esta posición. Son personas que han abandonado su educación, no han aprendido un oficio o no han aprendido a invertir o financiar.

En mi rol de terapista físico, he tenido muchas oportunidades de observar el comportamiento humano. Durante veinte años, Yo ha encontrado muchas personas con impedimentos físicos. Al hacerlo, he estado expuesto a sus vidas y hábitos personales, especialmente en cuanto a cómo reaccionan y procesan los desafíos y oportunidades de la vida. He sido testigo de muchos patrones a través de este proceso. He ayudado a la gente durante un número de años y he visto un montón de éxitos y fracasos. Los individuos que tienen más probabilidades de tener éxito al recuperarse de una lesión o cirugía son aquellos que podrían centrarse en su objetivo. Lo harían tangible y lo promoverían trabajando todos los días sin distraerse. Mantenerse en el curso requiere trabajar hacia la auto-mejora todos los días. He visto a pacientes que otros esperaban fracasar, pero que tuvieron éxito contra dificultades difíciles. Uno de mis pacientes fue un conductor de autos de carrera que sufrió una lesión grave durante una carrera. El daño a su cuerpo era lo suficientemente severo que el pronóstico era que él no volvería a caminar. Hizo todo lo que aconsejé, estaba comprometido a venir para sus sesiones que eran extremadamente incómodo, y siguió diligentemente su programa de tratamiento en casa. Trabajaba duro todos los días, sin importar cómo se sintiera. Trabajó duro, sin importar cuál fuera la tarea que se le había encomendado y, finalmente, superó su así llamado pronóstico. Una persona de mentalidad emocional se hubiera rendido al dolor y la discapacidad que sentía todos los días. Por otra parte, él estaba dispuesto a mirar el problema en las tareas de componentes y ejecutar un plan que cambiaría para siempre su vida. Ya se trate de un problema o de un objetivo, saber cómo navegar a través de un marco lógico es probable que produzca un resultado más fuerte.

Vamos a examinar un objetivo que todos estamos dispuestos a perder de vista, como la pérdida de peso. Como dijimos anteriormente, es más probable que tengamos éxito si planteamos el problema de acuerdo con nuestro resultado deseado, que es perder peso. Luego necesitamos hacer una lista de los componentes de esta tarea, que incluyen: disminución de calorías, aumento del ejercicio, contacto con un médico de familia; Consultando con un dietista y un amaestrador, guardando un diario del alimento, y guardando un registro del ejercicio. Ciertamente, la falta de recursos, como el tiempo y el dinero, puede alterar esta lista ligeramente, como la sustitución de la consulta de un médico con la investigación en Internet.

Las metas diarias básicas se pueden fijar reemplazando el exceso de mirar de la TV con caminar, e incorporar estiramientos del cuerpo y ejércitos de calistenia entre las comidas. A menudo oigo a la gente decir que no tienen tiempo para hacer o comenzar a buscar nuevos objetivos a largo plazo. Por lo general me sorprende la visión que tiene esta perspectiva. A menudo tienen sus prioridades mezcladas. Ellos están dispuestos a sentarse durante horas interminables y ver la televisión, desperdiciando horas que podrían ser gastadas trabajando hacia metas. El tiempo dedicado al ejercicio es una inversión con un gran retorno y resultados positivos para la salud. Este tipo de compromiso puede conducir a mejores niveles de condición física. Al mismo tiempo, ver la televisión se suma al tiempo perdido. El tiempo es un recurso que no podemos dar por sentado. Necesitamos protegerlo y usarlo sabiamente. La televisión también es una distracción y es importante recordar que estamos tratando de alcanzar una meta, y una parte intrincada de tener éxito es mantenerse enfocado. La televisión excesiva puede distraernos y hacernos perder el foco. También hay hábitos que pueden surgir que crean fracaso. Uno de los principales comportamientos negativos - como la televisión - a menudo conduce a otro comportamiento negativo – comiendo entre las comidas.

Necesitamos mantenernos enfocados y comprometidos con nuestra tarea, intentando diariamente para contribuir positivamente y para lograrlo y comprometernos cada día en evitar comportamientos que puedan evitar o descarrilar nuestros esfuerzos. Limitar nuestra dieta a 2500 calorías por día producirá una pérdida aproximada de una libra de peso corporal cada semana. Al mismo tiempo, caminar 20-30 minutos por día gastará suficientes calorías para quemar aproximadamente una libra de peso corporal por semana. Mantenerse enfocado mientras se acerca a sus tareas lógicamente es el mejor camino a escoger. Enmarque la tarea de manera positiva e invierta en realizar la tarea. No temas tanto el fracaso que te autodestruyas. Elimine los aspectos emocionales de su pensamiento y enfóquese en la manera organizada lógica de la realización de la tarea.

Muchas personas intentan perder peso e invertir en una variedad de esquemas ridículos que sólo pierden tiempo, dinero y energía. Estas son personas que comienzan fuerte, pero que se distraen fácilmente. Pueden deslizarse una vez, que pueda causar a reducir su compromiso y los deslice fuera de control.

Corriendo una carrera requiere estrategia de esfuerzo. Una lista de verificación organizada es muy útil para informar lo que hay que hacer para ganar. Cuanto más larga es la carrera, más importante es el enfoque, es importante no comenzar demasiado rápido o se quemará la energía demasiado rápido. Esto puede hacer que sea imposible tener suficiente patada al final de la carrera para terminar. Por el contrario, comenzar demasiado lento puede hacer que sea difícil ponerse al día o terminar en el tiempo asignado. Piense en el logro de su tarea de la misma manera que un corredor de larga distancia. Se necesita estrategia y enfoque para terminar la carrera. Al concentrarnos en la tarea, las partes componentes de la tarea y el resultado deseado, es mucho más probable que tengamos éxito en alcanzar el final deseado.

¿Cómo podemos reequipar este ejemplo de perder peso y sustituirlo por el ahorro de dinero para un pago inicial en una casa? Tómese el tiempo para escribir su enfoque lógico para ahorrar dinero para un pago inicial en una casa. Este ejercicio puede utilizar cualquier objetivo para crear un plan simple para lograr nuestro fin deseado. Ahora reflexionar sobre su objetivo y pensar críticamente sobre los intentos pasados que han fracasado. Ahora que estamos avanzando en nuestro pensamiento lógico, debe quedar claro que en muchas situaciones en nuestros intentos anteriores que no han tenido éxito, se debe a un compromiso relacionado con nuestra perspectiva emocional. Como hemos dicho, la postura emocional es una receta para el desastre. La gente exitosa sabe esto sin ser instruido. Cambiar nuestra perspectiva a un modelo de pensamiento lógico, para ser reflexivo, serio, trabajador, analítico, auto sacrificado y enfocado son todos críticos para el éxito. Algunas claves adicionales para el éxito incluyen:

• Comprometerse a ser un experto en el tema antes de comprometer recursos
• La subdivisión de una tarea en sus partes componentes
• La organización de nuestro enfoque
• Revisando nuestros recursos
• Analizando nuestras necesidades y renunciando a nuestros deseos
• Enfocarse en dirección para adelante en un progreso de paso a paso

Cada uno de estos pasos puede mejorar la calidad de nuestras vidas y nuestras posibilidades de obtener resultados positivos.

Debe de ser el pensamiento de este nivel de compromiso y trabajo duro parece ser demasiado, no continúe en este curso. Es probable que se le pregunte más a medida que avanza en este viaje. Durante tantos años, le han mentido, convencido de que somos una sociedad basada en el derecho y el pensamiento emocional. Pocas personas exitosas han trabajado un trabajo, regresan del trabajo todos los días para ver la televisión y se sienten cómodos en sus vidas financieras. Las personas que tienen una familia fuerte, un buen negocio y una espiritualidad fuerte trabajan en ella todos los días. El pensador emocional no ve eso porque las emociones no le permiten ver la verdad. Lo más probable es que los celos distorsionen su perspectiva e impongan facilidad a la persona que tiene lo que quiere. En este caso, la lente que miramos distorsionará lo que vemos. Si en cambio vemos las cosas de manera lógica y nos examinamos a nosotros mismos, es más probable que aceptemos nuestros desafíos.

Por ejemplo, un tipo que no puede soportar la autoridad quiere saber por qué no ha sido promovido. Utiliza la racionalización y la negación, pero estas emociones no lo llevarán a donde quiere estar. Le impiden ver el bosque de los árboles. ¿La negación y el sesgo te ayudarán a llegar a donde quieres estar? ¿Cuántas veces te fallarán estas emociones antes de cambiar la forma en que piensas en el mundo?

Tenemos que mirar a través de una lente más fuerte y mirar hacia adentro a nuestro núcleo y hacer los cambios necesarios que nos dejan preparados para el éxito. A su vez, debemos estar comprometidos con nuestra tarea y siempre luchar por la excelencia.

Comenzar pequeño y trabajar su manera para arriba con las tareas diarias que componen su vida. Tómese el tiempo para desarrollar su mente Buenas formas de hacerlo son leer literatura, estudiar nuevos temas, revisar múltiples referencias, y gastar turne con expertos. Desarrolle su cuerpo cortando los malos hábitos, elaborando y comiendo mejor. Si usted está en el peldaño inferior de su empresa, convertirse en un experto en materia o tren para hacer otra cosa. El éxito es como una bola de nieve rodando por una colina. Siempre existe la posibilidad de que se convierta en una avalancha.

Es importante tomar grandes metas a medida que crece más competente en la aplicación de los fundamentos del pensamiento exitoso. ¿Puede poseer su propio negocio? Si usted es un estudiante puede tu mejorar tus calificaciones? ¿Puedes tener relaciones más significativas? ¿Puedes ser el dueño de su propia casa? Una vez que haya respondido a estas preguntas, el siguiente paso es trabajar hacia una respuesta. El viaje de mil millas comienza con el primer paso. Esta afirmación es sabio y cierto, pero añadiría que se necesita asegurarse de que se dirigen en la dirección correcta. No hay razón para reinventar la rueda. Sea claro en lo que quiere y entienda las tareas de componentes que lo componen. Descubra cómo otros han logrado el éxito y emularlo ese plan.

Mi instructor de vuelo es tan brillante. Tiene conciencia kinestésica como nada que haya visto. Como piloto, esto se refiere a saber lo que el avión está haciendo por la forma en que su cuerpo se siente en su asiento. Él no podía enseñarme este sentimiento, pero puedo decir que él es consciente de las cosas que el avión estaba haciendo, como resbalones o patines, mucho antes que yo. Ha estado en esto tanto tiempo y era tan natural para él que ni siquiera era consciente de ello. Eso es un nivel alto de habilidad.

Tómese un momento para pensar en aprender a dominar cualquier actividad relacionada con el motor. Si eres torpe, ¿cómo mejoras? Observe a alguien que es bueno. Imitar las acciones observadas. Conseguir entrenado y practicar. Juega y repite.

Cuando alguien te muestra rasgos que son inaceptables, vale la pena aprender de ellos y hacer lo contrario. En muchos casos, los delincuentes aprenderán de su ejemplo. Si no pueden ser influenciados por su ejemplo, a continuación, eliminar de su presencia tan pronto como sea posible.

Capítulo 17

Luchar por La Excelencia

Nosotros hemos estado participando en un cambio de paradigma - un cambio en la forma de procesar la información. El curso natural para la mayoría de las personas es ver el mundo a través de una lente emocional con una perspectiva egoísta. Esta visión limita nuestra oportunidad de éxito. Nos hemos desafiado a usar un lente más fuerte para ver nuestro mundo a través del pensamiento lógico. Las respuestas reflexivas -las que llevan los celos y el miedo- no son tan influyentes para nuestro pensamiento y nuestra gestión. Estos son atributos básicos pero imperativos que nos diferencian y mejoran nuestras posibilidades de éxito.

Emocional y reactivo contra el pensamiento y planificar el manejo.

Hemos estado desarrollando un cambio en nosotros mismos que nos permite ser más lógicos, iluminando así los componentes emocionales de nuestro proceso de pensamiento. Esto nos permite ver las tareas en lugar de los problemas, lo que nos ayuda a dividirlas en partes componentes, lo que resulta en una mayor oportunidad de éxito. La identificación y el tratamiento de las tareas es un producto de una postura lógica. Identificar e ignorar las tareas es un producto de un patrón de pensamiento emocional. Al identificar y abordar las situaciones a medida que se desarrollan, tenemos una ventaja en el alcance de nuestro enfoque.

¿Qué pasa con la calidad de gran parte de nuestro trabajo cuando estamos bajo limitaciones de tiempo? La calidad a menudo disminuye en

presión. Cuanto más tiempo tengamos para hacer frente a una tarea, más probable es que la mayoría de nosotros será lógica. Al identificar y abordar las situaciones a medida que se desarrollan, podemos realmente comprometerse a la excelencia.

La excelencia es generalmente un producto de intentar hacer nuestro muy mejor. La postura emocional representa lo contrario. A menudo resulta de la dilación o la dependencia de otros vicios emocionales. Múltiples tareas no resueltas limitan aún más estos valiosos recursos. A su vez, se requiere menos tiempo para realizar las tareas al nivel más bajo posible. Este es un resultado horrible para la mayoría de nosotros. ¿Cómo podemos esperar una promoción si nuestro trabajo es incompleto o mediocre? ¿Cómo podemos esperar entrar en la universidad o en la escuela de negocios si no conseguimos exigir excelencia de nosotros mismos?

Tomando una postura lógica y evitando las reacciones de tirón en la rodilla-tirón nos permite funcionar bajo las reglas de la vida que son probadas y verdaderas. Estos principios pueden ser ordenados y adaptados a nuestro enfoque, cultivando mejores posibilidades de éxito. Está claro por ahora que sólo la finalización de una tarea no es suficiente. Debemos conquistar la excelencia cavando y buscando profundamente para demostrar nuestro compromiso de mejorar los resultados y mejorarnos. Debemos utilizar el pensamiento lógico en nuestras actividades cotidianas y permitirnos observar y abordar las tareas antes de que florezcan.

La mayoría de nosotros sabemos que la gente no se esfuerza por la excelencia. Esto puede ser porque no tienen el tiempo, tienden a posponer, o evitar enfrentar sus objetivos. Con el tiempo, tendemos a ver cómo esto compromete la calidad del trabajo. También pueden tener un profundo miedo al fracaso. Desafortunadamente, muchos de nosotros serán derrotados por miedo al fracaso. Por lo general, es mucho más fácil ver esta cualidad en los demás de lo que es ver en nosotros mismos. Esto se debe principalmente a la racionalización, que es otra fuerte respuesta protectora. El miedo al fracaso evita que muchas personas se comprometan a hacer lo mejor que puedan. A continuación, crear barreras tales como comportamientos de evitación, como la participación en vicios escapistas. Estos vicios socavan nuestras oportunidades de mejorar nosotros mismos, tales como dominar un comercio o problema y poseerlo.

Si es un dato verdadero: es simplemente intimidante para la mayoría de la gente a mirar su mejor. ¿Y si no es lo suficientemente bueno? Qué si fallamos? Muchos de nosotros protegemos nuestros mejores esfuerzos para evitar la sensación de vulnerabilidad que crea. Esto conduce a la atención descuidada a los detalles y el trabajo deficiente.

Es importante considerar lo que sucedería si usted intenta y falla. ¿Qué se habría perdido? Nada. De hecho, el fracaso nos da una perspectiva y nos anima a esforzarnos más. Es un fracaso si se logra una perspectiva y se aprende una lección.

Cambiar la manera en que pensamos, la lente en la que vemos el mundo y nos comportamos apropiadamente es liberadora. Nos da poder y puede tener cambios directos y significativos en nuestra vida. Cambiar nuestro paradigma a una postura lógica nos ayuda a entender cómo vemos las cosas. Afecta cómo nos comportamos y mejora nuestras posibilidades de éxito. Definir nuestros problemas como tareas y abordarlos desde el principio es crucial para el éxito, junto con comprometernos con la excelencia, resistir la tormenta de la adversidad y evitar las distracciones.

¿Cómo podemos cambiar nuestros resultados? Cambiamos la forma en que pensamos, lo que afecta la forma en que nos comportamos. Necesitamos cambiar nuestro pensamiento y cambiar nuestra visión del mundo, lo cual cambiará nuestro comportamiento. Somos un producto de nuestros resultados. Los pobres resultados no conducen a una posición alta en una corporación, ni conducen a oportunidades académicas, fiscales o de liderazgo.

Muchos de ustedes han experimentado el éxito, y la siguiente pregunta lógica es cómo crecer y aprovechar ese éxito. La respuesta está en la consistencia. ¿Usted consigue generalmente buenos resultados, pero son los resultados que usted se esfuerza para los resultados que usted desea siempre? ¿Por qué no tienes más éxito? Si nuestro deseo era ser un golfista mejor, podríamos tener un profesional para ver nuestro swing y lo evaluaría. El pro podría entonces proporcionar retroalimentación para que pudiéramos mejorar nuestras posibilidades de golpear la fianza mejor. Lo que estoy sugiriendo es que podemos hacer lo mismo con las tareas cotidianas.

A través de la introspección, podemos analizar objetivamente tendencias en nuestra vida. Podemos evaluar cómo nuestro comportamiento influye en nuestras decisiones. Realmente necesitamos saber qué nos hace marcar, qué nos motiva y qué emociones tienden a influir en nuestras decisiones. Debemos usar esta información para superponer un marco de pensamiento lógico a nuestras tareas. A continuación, podemos aplicar la postura lógica a los fracasos del pasado para ganar perspectiva. También podemos aplicarlo a problemas presentes y futuros, para nuestros objetivos. La tarea puede ser derribado en partes componentes y cada parte dirigida a mejorar nuestras posibilidades de éxito. El proceso requiere autodisciplina y una decisión consciente de comprometerse a mejorar la forma en que manejamos las tareas.

Lógicamente, queremos que nuestros esfuerzos tengan la mejor oportunidad para terminar exitosamente. Pasar por las mociones y no hacer un esfuerzo consciente para hacer lo mejor posible no hará que nuestros esfuerzos se noten de trabajo, en el campo de juego, en la sala de juntas o en casa. Estamos desarrollando nuestro pensamiento lógico y habilidades de avance de la tarea, y como lo hacemos, el proceso se hace más fácil con el tiempo hasta que es un hábito. Entonces, ¿Qué hacemos con el tiempo que ahorramos? Lo reinvertimos en excelencia. Continuamente realizar una tarea es a menudo satisfactoria. Pero carga más peso que en la predicción de un resultado positivo. Continuar una tarea sin un enfoque lógico organizado disminuye las oportunidades de éxito. Se trata de un uso ineficiente de la energía y los recursos de tiempo. Hacer un esfuerzo continuo para llevar a cabo una tarea de una manera organizada y lógica nos permite dar lo nuestro. Al hacerlo, agravamos nuestro esfuerzo y mejoramos aún más nuestra efectividad. Esto nos ayuda a alcanzar la excelencia sin el componente emocional del miedo. El miedo aquí es el miedo al fracaso. También puede ser un miedo al éxito. Voy a calificar más estas declaraciones a medida que continuamos desarrollando el argumento convincente para el pensamiento lógico.

"Nuestras dudas son traidores y nos hacen perder el bien que a menudo podríamos ganar, por temor a intentar."
-William Shakespeare

"Todas las cosas difíciles tienen su origen en lo que es fácil, y grandes cosas en lo que es pequeño".
-Lao Tzu

"La calidad de vida de una persona es directamente proporcional a su compromiso con la excelencia, independientemente de su campo elegido de profesión."
-Vence Lombardi

Capítulo 18

Roles de Liderazgo: Una Evolución Natural para el Pensador Lógico

Una vez que la perspectiva es aceptada y empleada regularmente, la progresión natural es para una posición de liderazgo. Ahora no estoy insinuando que la posición tiene que ser obligatoria. Cada uno de nosotros tiene que asumir la responsabilidad y ser líderes. Podemos hacerlo desde cualquier posición organizativa. He visto al hombre más bajo en la encuesta del tótem acudir con las mejores ideas y presentarlas con confianza. Es importante para los que están en posiciones de liderazgo respetar a las personas que trabajan debajo de ellos en una jerarquía sin juicio ni reproche. Entender y respetar el valor de otras personas. Abriendo ideas fuertes de los empleados es una gran opción para los pensadores lógicos. ¿Qué haría que alguien no escuchara a alguien que tuviera una mejor manera de abordar una situación o resolver un problema? Puede haber muchas razones, pero mi experiencia se inclinaría hacia prejuicios - una falsa sensación de importancia o inseguridad, que son conceptos emocionales.

¿Qué conduciría a alguien a tomar crédito por el trabajo que no era de ellos? Muy probablemente celos, envidia o miedo. Estos son todos los patrones de pensamiento emocional que deben evitarse. Dicho esto, la persona más baja a la más alta de cualquier organización puede liderar, pero los pensadores lógicos tienen una ventaja y son más propensos a recibir oportunidades.

Si surge la oportunidad, es importante aprovecharla y hacer que la empresa sea mejor para ella. Acércate a la posición lógicamente y aprende de los demás. Siendo objetivo, utilizar una buena resolución de problemas y obtener el control de los problemas diarios que afrontan la productividad.

Como oficial en las Reservas, he observado líderes de todas las filas. He visto una y otra vez que el rango sólo importa si alguien es incompetente, inseguro o asustado. Rango no implica liderazgo. El dominio en una tarea, el autocontrol y la autodisciplina son los rasgos que se respetan. Las personas que las poseen son las que exigen respeto y seguimiento. La maestría de un sujeto, tarea o conjunto de habilidades convirtiéndose en un experto en materia - todo parte del modelo del pensador lógico - definitivamente mejorará las oportunidades de liderazgo en nuestras vidas.

La evolución de nuestro desarrollo nos ayuda a ver e interpretar el mundo que nos rodea. Nos permite ver claramente las tareas a la mano para las oportunidades en lugar de los problemas. Así que, naturalmente, desarrollar nuestras habilidades de liderazgo es el siguiente paso lógico en nuestro camino hacia la auto-mejora. Hay muchas personas que se encuentran en posiciones de liderazgo basadas en la tenencia solo. Han estado en su puesto más tiempo que nadie. No se puede presumir que la posición se llena con el mejor candidato. Emocionalmente, eso puede causar resentimiento en nosotros, especialmente si está claro que los empleados con antigüedad no son los mejores líderes. Esto no debería, ya que un día esta dinámica dará lugar a oportunidades. Tenemos que enfrentar situaciones con una mente objetiva y no quedar atrapados en lo que creemos que es justo o injusto. Esas son construcciones emocionales, y deben ser evitadas. Lo que necesitamos estar enfocados es nuestro lugar y en una organización y lo bien que estamos realizando nuestras tareas. Al mantenerse en el camino y estar comprometidos con la excelencia, surgirá la oportunidad. Por otro lado, por ser emocional por lo general nos quejamos de la injusticia. En esencia, perdemos el tiempo y la energía que podría haber ido en el desarrollo de nosotros mismos como un experto en materia y ser notado.

No gaste el tiempo hablando chismes de oficina o quedar atrapados en el lado emocional de cualquier organización. Tenemos que concentrarnos en aprovechar al máximo el día. No podemos hacer eso con correos electrónicos excesivos, conversaciones más frescas, llamadas telefónicas personales, etc. En un país libre, el trabajo duro y la dedicación típicamente nos llevan a la escalera del éxito. Esto también llevarnos a nuevas alturas en el progreso del trabajo corporativo a ser dueño de nuestro propio negocio, o de un negocio de puesta en marcha a un negocio seguro y rentable. Los rasgos y comportamientos del pensamiento lógico son los buscados por las empresas y la sociedad. Siempre tendrán un lugar en una organización exitosa. Organiza tus pensamientos y enfoca tu energía. Pronostique sus metas y acepte su posición actual. No se resiente de los que están en posiciones de liderazgo sobre la base de la antigüedad. En su lugar, vea la oportunidad que el dominio de su trabajo ofrecerá en el futuro.

El resentimiento es una emoción, y no tiene lugar en el pensamiento lógico. Puede llegar a ningún final productivo. Podemos asumir roles de liderazgo y hacer nuestras propias oportunidades, sin importar nuestra estación en una empresa o comunidad. Muchos líderes lideran por la intimidación ya menudo toman crédito por el trabajo que no es suyo. No es así como nos conduciremos a medida que subamos a posiciones de liderazgo. Cuando se nos da la oportunidad, no estaremos inseguros ni asustados. No conoceremos estos estados emocionales y así nos conduciremos por encima de la batalla.

Liderazgo significa muchas cosas para muchas personas. Algunos sostener el liderazgo con entusiasmo, pero que se desgastan si no hay sustancia. No puede sostener el tejido de una organización. El pegamento que sostiene una organización es las relaciones. Estas relaciones frágiles hacen la diferencia en una organización sana o insalubre. Al darse cuenta de esto, el entusiasmo que imparte es un enfoque fundamentalmente defectuoso para el liderazgo. Como líderes, tenemos que ser pensadores avanzados lógicamente orientados. Tenemos que utilizar la intuición basada en la experiencia, la familiaridad con las tendencias y las relaciones, y una comprensión de los mercados involucrados.

Los pensadores lógicos no van a tomar decisiones reflexivas, resentidas o celosas. Ellos van a procesar la información a mano y romper los problemas en tareas de componentes. Ellos van a asignar tareas basadas en los talentos y recursos que les rodean. Mi amigo tiene una recepcionista que es a menudo grosero y poco servicial. Un día lo confronté con ella.

"¿Es esta la mejor persona que puedes encontrar para el trabajo?"

-"Es la hermana de mi esposa -dijo"-. "No tengo elección."

El nepotismo es un ejemplo de una elección emocional. Cuando esta situación no funciona, probablemente será miserable, junto con sus clientes ofendidos y su familia. En este caso, un pensador lógico nunca la contrataría en primer lugar. Si un pensador lógico la heredaba, tomaría medidas para abordar la situación.

Lógicamente, el pensamiento nos ayuda proporcionando un conjunto de habilidades que podemos usar al tomar decisiones y resolver problemas. También es esencial para crear metas. Al identificarnos lógicamente y abordar las tareas a medida que surgen, es probable que nos encontremos expuestos a más oportunidades de liderar. ¿Por qué no más personas aceptan estos papeles en lugar de sabotear su oportunidad para ellos? La razón es, una vez más, el resultado del pensamiento emocional. La emoción del miedo aparece a menudo, y en muchas formas - miedo al fracaso, miedo al éxito, miedo al ridículo y miedo a la alienación. El miedo está entrelazado con tantas otras emociones que nos puede congelar en nuestras pistas, descarrilar de nuestros esfuerzos.

El miedo es una emoción que debemos eliminar en nuestros negocios, nuestras relaciones y nuestras vidas familiares. Es más probable que tengamos éxito en nuestros intentos si reemplazamos el miedo por el pensamiento lógico. Usando una postura lógica para dirigir, no tendremos que preocuparnos por emociones irrelevantes o destructivas que se convierten en una barrera para el éxito. No dejaremos que las emociones limiten o creen un techo para nuestro éxito. Nuestros temores pueden manifestarse en nuestros pensamientos, por ejemplo: yo no merezco, o no soy digno. No dejes que el miedo se interponga en tu camino.

Los pensadores lógicos no temen a sus compañeros de trabajo ni permiten que los pequeños celos dividan la cohesión de la Organización. Ser envidioso de la idea de un compañero de trabajo o intentar tomar crédito indebido es una construcción emocional. Para ser el primero, debemos ponernos en último lugar. Vamos a-delegar y confiar en los demás con un buen ojo en el rendimiento para determinar quién se queda y quién va. Mi amigo es dueño de un negocio y le he dicho en muchas ocasiones que uno de sus empleados no es capaz de representar a su compañía debido a las habilidades telefónicas pobres.

Mi amigo ha identificado el problema a su empleado y trabajado para mejorar la situación, pero en vano. El empleado problema es también un amigo. Esto no es sorprendente. El pensamiento emocional es un pendiente resbaladiza y no beneficia a nadie. Cuando llegue a posiciones de liderazgo, evaluar su personal en su competencia. Ayúdeles a ganar mayores niveles de competencia y crear un ambiente basado en el compañerismo "esprit de corps" y la fidelidad común de un grupo. Animar a los jugadores de equipo a mejorar y establecer expectativas concretas que definen el éxito o el fracaso. Darles una amplia oportunidad para tener éxito o fracasar, pero siempre tomar el camino lógico si el fracaso se convierte en algo común. No podemos aceptar la influencia que tendrán en la operación diaria si el fallo es el estándar, y deben ser reemplazados. Ponga un buen ejemplo manteniéndose alerta y hasta la velocidad. Siempre ser un experto en el tema cuando se trabaja con otros. Los empleados le respetarán como usted respetará ésos debajo de usted que alcancen para y alcancen los mismos estándares para sí mismos.

Demuestre las características de un pensador lógico y otros seguirán su ejemplo. Al ser un ejemplo, alentando a otros será alentado. La mentalidad, la objetividad y la consolidación del esfuerzo acelerarán a los que están bajo ustedes a mayores alturas. Recuerde que un grupo tiende a asumir la personalidad de su líder. En lugar de cultivar una unidad emocionalmente cargada, intente influenciar a todos los miembros para que piensen lógicamente. Fomentar enfoques racionales para perpetuar este enfoque.

Un buen líder es también un buen entrenador. Él es el entrenador que se presenta temprano, trabaja duro, se mantiene involucrado, y observa las tendencias. Apoya y facilita el crecimiento en los que lo rodean. Por otro lado, el líder emocional teme el crecimiento, debido a la ruptura de la jerarquía. Los pensadores racionales crean una jerarquía, en lugar de socavar una.

"El liderazgo y el aprendizaje son indispensables el uno al otro."

"Con demasiada frecuencia ... disfrutamos de la comodidad de la opinión sin la incomodidad de embargo."
-John F Kennedy

Capítulo 19

Cuidado De Las Expectativas

Una de las muchas causas sutiles de la espiral en los pensamientos Q emocionales son situaciones que nos hacen tener expectativas poco realistas. Muchas personas con las que hablo admiten que no quieren tener sus esperanzas para que no esperen un resultado positivo. Otras personas que conozco y he observado no son realistas con respecto a los resultados. Carecen de una visión realista y se sienten decepcionados cuando se produce un resultado negativo. Me parece que las expectativas poco realistas de cualquier manera pueden conducir a un resultado emocional. Prepárate para hacer frente a una tarea y proceder a través de los pasos con confianza en su enfoque y capacidad, pero no irrealista en lo que el resultado será.

Por ejemplo, muchas personas durante las fiestas esperan un resultado perfecto cuando la familia se reúne. En términos realistas, los resultados perfectos suelen ser guiones. En la vida real, suceden cosas reales. En lugar de esperar que todo sea perfecto e imaginándose el día perfecto, es bueno mantener expectativas realistas. Tener expectativas no satisfechas puede conducir al aumento del estrés, la indulgencia y otros comportamientos impulsados emocionalmente. Todo esto no es raro durante las vacaciones. ¿Por qué no poner la energía en el proceso de preparación? Muchas personas escapan a su mundo ideal y retrasan la preparación para una reunión o vacaciones. En su lugar, miremos la situación lógicamente, dividiendo las tareas de los componentes y creando una lista de comprobación, con el entendimiento de que no podemos resolver todos los conflictos.

Sin embargo, podemos establecer un plan de interacción entre los miembros de la familia. Eliminar las expectativas, buenos o malos resultados en la eficiencia del tiempo, disminuyendo el riesgo de retrasos en la preparación o expectativas poco realistas que sólo dará lugar a una reacción emocional.

No puedo decirle el número de pacientes que vienen a mí después de haber tenido cirugía y dicen que pensaban que sus condiciones habrían mejorado por ahora. Miro el marco de tiempo de su cirugía, y habrá sido una semana. ¡Guau! Una semana. Sus expectativas no son realistas. Las expectativas poco realistas comienzan con una postura emocional y la negación, y la bola de nieve de allí, lo que lleva a la frustración. La gente está cansada de esperar y pronto está lista para empezar a hacer lo que quiere, lo que puede ser catastrófico en términos de rehabilitación de una lesión. Este ejemplo puede ser una barrera para la obtención de nuestros objetivos.

¿Cuánto tiempo me tomó para convertirme en un profesional? Para mí, ha sido un esfuerzo de por vida. Tomó cuatro años de estudio de universitario, dos años de estudio profesional, con el apoyo de otros siete años de estudio de posgrado mientras yo estaba trabajando en mi campo, seguido de otros tres años de estudio formal. Me habría decepcionado si no estaba donde quería estar por tener expectativas poco realistas. ¿Cuántas personas renuncian a un buen trabajo con una buena compañía que podría haber sido genial, pero son las expectativas de progreso cuando no es realista? ¿Cuántas personas detienen su educación porque se hizo demasiado difícil o tomó demasiado tiempo? Entender los compromisos de tiempo para llegar a donde desea estar y asegurarse de que son realistas. Ser realista significa verdaderamente ser lógico. Entender el esfuerzo de tiempo compromiso y dedicación necesarios para lograr los objetivos que estableció.

"El precio del éxito es trabajo duro, dedicación al trabajo a mano, y la determinación de que, si ganamos o perdemos, nos hemos aplicado lo mejor posible de nosotros mismos a la tarea en mano."
-Vince Lombardi

Capítulo 20

No Desperdicie Su Tiempo

Tiempo es un ingrediente clave en el éxito y como hemos discutido, cuando estamos en un estado de pensamiento emocional desperdiciamos nuestro recurso más valioso, el tiempo. No gastes tu tiempo en patrones de pensamiento emocional improductivos como la envidia, la ira, el odio o el auto-odio. Vuelva a leer la declaración anterior y confírmelo en la memoria. Recuérdele regularmente. Rompa el lazo del pensamiento en estos pensamientos emocionales concentrando su energía en lo que es importante.

Mira tu vida como una serie de tareas y lógicamente acercarse a ellos. Siempre esforzarse para hacer lo mejor posible. Eliminar a los ladrones en su vida que el acero de su tiempo, energía y salud. Puedo pensar en unos pocos: televisión, fumar y comer comida chatarra. Para que nuestra mente funcione correctamente necesitamos las cantidades adecuadas de sueño, comida sana y ejercicio. Los estados emocionales nos alejan de las cosas que más necesitamos. Establezca para planificar sus días. Organice su vida e incorpore estos objetivos simples y usted será más acertado donde más cuenta.

Son las pequeñas tareas que se suman a ser el producto de nuestras vidas. Estamos mejor preparados para abordar esas tareas con una perspectiva lógica. Haga un mapa de sus metas a corto plazo para los próximos cinco años y objetivos a largo plazo para los próximos veinte años. Escríbalas en detalle, haz un plan y comienza a ganar terreno eliminando obstáculos internos. Si su plan es ser abogado, es importante pasar tiempo con uno. Trabajar duro para investigar el campo y la educación requerida. Empieza a romper la tarea en partes componentes. Sea metódico sobre el enfoque y no se distraiga. No malgastes tu tiempo. Manténgase enfocado y sea diligente.

Tenía un amigo que quería entrar en el negocio por sí mismo. Trabajó en una línea de montaje y tenía habilidades limitadas. Nunca tuvo tiempo de tomar una clase de negocios. Siempre estaba demasiado ocupado. Estaba frustrado por su posición en la vida. Cuando diez años parecían pasar repentinamente, no sabía dónde había pasado el tiempo. Un día decidió que había terminado con su trabajo inútil y se fue a abrir un gimnasio. No se había educado en finanzas y negocios. Tenía diez años de tiempo que desperdició y ninguna transferencia significativa de conocimiento. No creo que deba decir cómo terminó la historia. Perdió su negocio y volvió al trabajo sin valor que odiaba antes, aunque ahora lo apreciaba un poco más.

¿Qué hizo mal? Él procrastinó por no tomar una clase de negocios en un colegio comunitario o simplemente estudiar por su cuenta. Los diez años fueron una pérdida de tiempo. El trabajo de la fábrica no era el problema. Era su perspectiva. Se permitió esperar, aunque nunca estaba claro lo que estaba esperando. El trabajo lo apoyaba y podría haberlo aprovechado y construido a partir de él. Pero se dejaba definir por sus sentimientos acerca de su trabajo. Odiaba el trabajo y no le gustaba su jefe y no podía soportar a los idiotas que tenía que trabajar. Yo diría que no era el trabajo que era una trampa - era su perspectiva. Poner en las manos de otro persa habría sido una oportunidad.

Tuve otro amigo que comenzó fuera de la escuela secundaria de una tienda de comestibles gran cadena de supermercado. No tenía dinero para ir a la universidad. Él trabajó en ser la persona más conocedora en el supermercado. Él era un empleado modelo a pesar del hecho de que había veces que la alta gerencia lo trató injustamente. Su consistencia y conocimiento poco a poco ganó la atención de la dirección y se ganó un puesto como Gerente Asistente. Esto dio lugar a una oportunidad de ir a la escuela nocturna pagado por la cadena, que prefiere contratar desde dentro. Trabajó en la tienda y fue pagado y fue a la escuela por la noche y finalmente recibió su titilo y una promoción. Inicialmente, él podría haber visto su situación como desesperada - un muchacho de la bolsa es bastante bajo en el tótem. Yo lo digo por experiencia como ese fue uno de los muchos de mis trabajos de la preparatoria secundaria-lima de la preparatoria secundaria. Pero no permitió en la autocompasión. Esperó y no perdió el tiempo. Trabajó duro y sus esfuerzos fueron finalmente recompensados. Terminó donde él quería estar, pero no podía ir al principio. ¿Dónde vas a terminar? ¿Puedes cambiar tu forma de pensar y cambiar tu perspectiva para impactar positivamente tu comportamiento? Confío en que usted haga la elección correcta.

Capítulo 21

Abrace un Vicio Positivo

P ara que alguien abrace un vicio positivo, deben hacer una conclusión lógica para apartarse de los vicios negativos. Los vicios son hábitos por su naturaleza, ya menudo son destructivos. Piense por un minuto y haga una lista de los hábitos destructivos que podría participar en. Algunos vienen a mi mente. Esta es una lista corta y la lista de todos es personal. Involucrarse en un comportamiento que toma tiempo y tiene resultados negativos es el criterio a utilizar para probar lo que usted piensa que puede ser un vicio. Un problema con los pensadores emocionales es que en el fondo saben lo que es un vicio negativo, pero usar salidas emocionales para evitar abordarlos.

Por ejemplo, los fumadores tienen muchas salidas emocionales, tales como: he fumado desde que era joven, o mis padres fumaban. La conclusión es que es un hábito destructivo y cuanto antes nos demos cuenta de que la responsabilidad nos pertenece, cuanto antes podamos buscar ayuda para dejar de fumar. Un beneficio es reinvertir el tiempo y el dinero en un comportamiento más positivo. Visite www.lungusa.org para la asistencia de la Asociación Americana del Pulmón.

Vamos a poner este hábito destructivo bajo un microscopio. Fumar cuesta más dinero de lo que pensamos. De hecho, si reinvertimos este dinero, probablemente podríamos tener un segundo retiro. Si ahorramos dinero en la forma en que algunas personas lo gastan en cigarrillos, no tendríamos necesidad de asesores financieros. El costo promedio de un paquete de cigarrillos es de $4, lo que suma hasta $120 por mes por un paquete de un hábito al día. Esto equivale a $1440 al año y de repente se convierte $14.440 en diez años, sin agregar interés. Fumar es un vicio que nos cuesta dinero y quita los recursos que podrían ser interés compuesto. Nos ocupa nuestro tiempo (que, en mi opinión, es el más valioso de los recursos), con un promedio de quince minutos dedicados a cada cigarro consumido. Esta es una estimación cercana dado que la gente tiene que hacer viajes especiales para obtener sus cigarrillos y se necesita tiempo para consumirlos.

Ahora agregue los efectos negativos sobre la salud estimados, que son considerables teniendo en cuenta que fumar un cigarrillo reduce la vida en once minutos. Por supuesto, también hay los efectos negativos del humo secundario en las personas cercanas a usted. He observado el comportamiento obsesivo de las personas que llevan a sus hijos pequeños en el frío para que puedan fumar. ¿Cuál es el valor de dar en este comportamiento? Lógicamente, teniendo en cuenta los efectos negativos del tabaquismo, que incluyen: daños a la ropa y áreas de vida, el riesgo de incendio, el gasto masivo y las consecuencias negativas para la salud, esta es una conclusión fácil de hacer. Los fumadores no tienen más remedio que cesar y desistir.

Una vez que haya llegado a esta conclusión lógica, tome un enfoque lógico para detener. Tome pequeños pasos y crezca en su cambio. Recuerde, toma aproximadamente 60 días cambiar un hábito, así que permanezca realista. Las expectativas poco realistas te preparan para el fracaso y la frustración. A pesar de lo que la sociedad de hoy le dice, no hay ninguna solución rápida cuando viene a cambiar su forma de vida. Esto es cierto para cada cambio que quiera hacer. No se deje chupar en productos que no han sido probados. Obtenga ayuda de fuentes confiables. Dado que la Asociación Americana De Pulmones es la entidad más confiable, revise sus recomendaciones y hable con su médico. Identificar el problema o problema, hacer un plan lógico para abordarlo, comprometerse con él de una manera realista, y evitar los entornos o personas que lo tentarán. Recuerde sus metas, cambie su percepción sobre usted mismo. Si usted tiene una percepción que usted es demasiado débil para parar, usted permanecerá demasiado débil. No deje que la emoción se interponga en el camino, nublando sus metas con la duda o baja autoestima. Estas emociones fuertes son simplemente obstáculos en su camino. Saber cuáles son las barreras antes de empezar puede ayudar cuando las cosas se ponen difíciles, y es probable que se ponen difíciles. El camino al cambio es desafiante. Conózcalo con una postura lógica. Al estar preparado, puede mejorar sus posibilidades de éxito.

¿Qué otros malos hábitos han enumerado? Tómese su tiempo para pensar en cómo va a ir lógicamente a cambiarlos. Una vez que haya tomado una decisión lógica para cambiar sus malos hábitos, es bueno reemplazarlos por hábitos positivos. Abrazar vicios positivos porque te recompensarán de manera positiva (a diferencia de un vicio negativo). Tome un enfoque lógico a lo que elija y recuerde, al igual que hacer inversiones, el camino hacia el compromiso es difícil. Hay muchas barreras emocionales internas, así como influencias negativas externas. Piense en las barreras que van a ser, hacer un plan y atenerse a él, al igual que un plan financiero que lastima. Finalmente nos acostumbramos a ello y al final hay dividendos positivos que deben realizarse.

1. Fumar

Claro, un paquete de cigarros no es barato (especialmente en áreas como la ciudad de Nueva York, donde cuestan alrededor de $ 7.) Pero un hábito de fumar de por vida le costará mucho más que eso. Considere esto: Un varón de 24 años que fuma por sesenta años gastará $ 200,000. Este monto cubre primas de seguros de vida y de propiedad más altos, atención médica y ganancias perdidas debido a discapacidad, según una investigación realizada en 2004 por el Dr. Frank Sloan, profesor de la Universidad de Duke y coautor de El Precio De Fumar.

Los fumadores son golpeados especialmente con sus primas de seguro de vida. Cuando un fumador tiene sesenta años, él o ella pagará $ 5,360 por año en primas por un término de 10 años, o $500,000 por una póliza estándar, de acuerdo con las cifras de 2006 de la Institución De Información De Seguro. Un no fumador pagaría $2,275, lo que representa una diferencia de 57.5%.

Los efectos del tabaquismo también se sienten en el lugar de trabajo. Los fumadores ganan $26,000 dólares menos que los no fumadores durante su vida, según Sloan. "Son menos propensos a ser promovidos porque están alejados de sus escritorios que a menudo toman pausas para fumar, y tienden a enfermar y pierden el trabajo más a menudo que los no fumadores."

El golpe financiero sigue incluso a un fumador a su lugar de descanso final. Los no fumadores ven un adicional de $5,127 en pagos del Seguro Social que los fumadores no se dan por razón de su reducción de la esperanza de vida, de acuerdo con Sloan.

2. Compras como otro vicio destructivo

Se calcula que el trastorno compulsivo de la compra afecta hasta el 16% de la población de los Estados Unidos, según un informe de 2006 coautor por el Dr. Lorrin Koran, profesor de psiquiatría y ciencias del comportamiento en la Escuela de Medicina de la Universidad de Stanford. Sus tensiones financieras se sienten tanto por el comprador y su familia.

"A menudo, el daño financiero es descubierto por un cónyuge o miembro de la familia sólo después de que el comprador ha acumulado una gran deuda", dice la Dra. Maressa Hecht Orzack, profesor clínico asistente en la Escuela de Medicina de Harvard y director del centro de estudio de adicción a la computadora en McLean Hospital. El comprador promedio compulsivo tiene deudas por un total de alrededor de $20,000 dólares, según Terrence Shulman, director del Centro Shulman, que ofrece tratamientos para los trastornos de gastos excesivos. Y muchos tienen pestañas mucho más altas que eso.

Los que sufren de adicción grave deben buscar la ayuda de un psiquiatra. Pero para aquellos que simplemente han desarrollado un mal hábito de exceso de indulgencia, hay estrategias simples para mantener el gasto en jaque. Cambiar su pensamiento mediante la utilización de las estrategias establecidas en este libro.

3. Adicción a los medios de comunicación - mensajes de texto

La adicción es un ladrón del tiempo. También crea una gran distracción que aumenta el riesgo de accidentes de vehículos de motor. No caigas rezando algo que sea tan parecido a un experimento de Pavlov.

4. Privación del sueño

¿A menudo se encuentra tratando de colarse una siesta o sentir una niebla cerebral a mediados de la tarde? Lo más probable es que usted está recibiendo menos de una cantidad adecuada de sueño para su mente y cuerpo.

"Las personas que duermen menos de seis horas están menos motivadas que las que reciben una noche completa de sueño", dice el Dr. Michael Twery, director del Centro Nacional de Investigación de Trastornos del Sueño. "Experimentan lapsos en la vigilancia, su motivación se socava, y su capacidad de tomar decisiones se ve afectada."

5. Lotería

"La lotería puede arruinar el estrago en las finanzas de las personas, especialmente en los grupos de bajos ingresos en todo el país", dice Gerald Busald, profesor de matemáticas y estadísticas en el colegio de San Antonio. No se deje atraer por el sorteo emocional de la lotería, las probabilidades no están a su favor. No estoy diciendo que el juego es malo a menos que usted tenga una personalidad que no puede presuponer lógicamente y realizar esto es una forma de entretenimiento y escape. En ese caso, construya en su presupuesto después de que usted se pague, ahorre el suplemento, pague todas sus cuentas, y ponga el dinero en fondo lluvioso del día. Sin embargo, el uso de dinero esencial y la eliminación de los recursos de objetivos importantes no es lógico y no puede ser apoyado. Ese dinero es un recurso que se puede utilizar para mejorar su estación y agregar a su hogar.

6. Obesidad

Está destruyendo las posibilidades de nuestra nación para la salud futura y verá un impacto progresivamente negativo en las generaciones futuras. La obesidad evoca muchas otras variables de confusión y pone muchas barreras, nos aleja de nuestra capacidad para tener éxito. También es costoso para nuestro presupuesto inmediato y para nuestro presupuesto potencial de por vida, ya que hay muchos problemas relacionados con la salud que pueden impedir nuestra salud y por lo tanto nuestra longevidad profesional

7. Videojuegos / Televisión

Necesitamos equilibrar nuestras actividades. Entiendo que de veces uso la televisión como una forma de escapismo, que realmente me ayuda. También tengo momentos en los que me escondo dentro de la televisión excesiva viendo como un medio de evitar las cosas que tengo que hacer. Al igual que comer es ahora se sabe que emocionalmente impulsado. Consumo de alimentos de comodidad que hacemos lo mismo con la televisión y los videojuegos, escapar. El tiempo no es un recurso renovable. Una vez pasado, se ha ido para siempre. Presupuesto su tiempo tan sabiamente como usted presupuesto de dinero.

Vamos a aceptar los vicios positivos como cualquier cosa que mejore nuestra salud y longevidad. Aumentan nuestra claridad mental y mejoran nuestra oportunidad de tener éxito. Reemplazar el hábito de fumar y comer excesivamente con el ejercicio diario. Evaluar y tomar decisiones saludables a su dieta diaria. Vamos a reemplazar la adicción a los medios de comunicación con la mejora de las relaciones personales y la lectura de textos valiosos que aumentarán nuestra base de habilidades. Reemplazar compras y juegos de azar con un enfoque de inversión que considera un 401(k) u otro vehículo de inversión.

"Una mente buena posee un reino."
-Seneca

Alimentemos nuestras mentes cuando nos alimentamos cuando tenemos hambre y motivémonos a permanecer hambrientos de aprendizaje. Empujémonos a ser educados en nuestro campo elegido y nos esforzamos por ser expertos en el tema. Alimentemos nuestras mentes alimentando las necesidades nutricionales de nuestro cuerpo y aumentando nuestro flujo de sangre a nuestro cerebro con hábitos de ejercicio fuertes. Todos tenemos recursos limitados. No desperdicies tus recursos. Cuanto más tiempo estamos activos y productivos, más tendremos y la mayor ventaja que podemos dejar a nuestra familia. Estar enfermo es una cosa, pero ser autodestructivo es completamente diferente. Hacer cambios positivos hoy nos permitirá estar físicamente, mentalmente y financieramente más sanos.

Compartiré mi lista personal de vicios con ustedes y les animaré a hacerlos suyos:

• Relación de la familia, los amigos y la iglesia
• Lectura (variada y profunda)
• Ejercicio (ejercicio cardiovascular, resistivo y ejercicio activo (MMA, caminos de montañas, etc. ...)
• Meditación (por falta de una palabra mejor - descansando y despejando mi mente, descansando y procesando información, descansando y reflexionando sobre un problema o pensamiento)
• Visitar museos variados y viajar

Los mejores seis médicos en cualquier lugar

Y nadie lo puede negar

Son el sol, el agua, el descanso y el aire,

Ejercicio y dieta.
"Estos seis con gusto te asistirán Si tan sólo estás dispuesto

Tu mente ellos aliviarán

Tu voluntad se arreglará
Y no te cobrara una moneda."

- Ritmo infantil citado por Wayne Fields, Lo que el río sabe

Capítulo 22

Lógicamente Elimine el Miedo

T emor crea duda, que conduce a la inseguridad, que conduce al aislamiento ya la paranoia. ¿Cómo vamos a alcanzar nuestros objetivos y tener éxito en un clima de estas emociones destructivas? ¿Cuáles son los temores que nos pueden alejar de nuestra mejor vida:

1. Miedo de fallar - esto ha sido tradicionalmente una de las cosas que la gente dice que tienen más miedo de cuando se le preguntó por qué no probar algo. ¡Se basa en viejas ideas de que todo lo que hacemos tiene que ser completamente exitoso y que existe tal cosa como un verdadero fracaso!

2. Miedo al éxito - Al igual que con el temor de fracaso, muchas personas son tienen tanto miedo de tener éxito. Para ellos, el éxito podría significar más responsabilidad y atención. Esto aumenta la presión para realizar a un nivel alto.

3. Miedo de ser juzgado - Crecimos queriendo la aprobación de nuestros padres y compañeros. Esto ocurre durante la edad adulta para muchos, y puede crear problemas reales, especialmente si el temor de que los demás están constantemente juzgándonos nos mantiene alejados de nuestros objetivos. Juzgar a otros es una pérdida de tiempo y no sirve a ningún propósito positivo.

4. Miedo al dolor emocional - Esto, como todos los miedos, es uno que sólo nos permite sentir dolor si le damos permiso para hacerlo. La vida está llena de lecciones, y dentro de esas lecciones la gente comete errores. Esa decepción no tiene que convertirse en dolor o sufrimiento emocional, a menos que le damos la luz verde para hacerlo.

5. Miedo a la vergüenza - A la mayoría de la gente no le gustan los sentimientos asociados a cometer errores en público, generalmente porque se dejan sentirse avergonzados o estúpidos. Este es también un área en la que tenemos la opción de permitirnos vivir y no preocuparnos con los juicios u opiniones de los demás.

6. Miedo a estar solo / Abandonado - Para muchos, el temor de estar solo los mantiene en las relaciones (personales y empresariales) aunque sean abusados o miserables. Otros temen hablar sus verdaderos sentimientos o temen que sus amigos, colegas o seres queridos se alejen de ellos o los abandonen. Darse cuenta de que nunca estamos realmente solos, y que si la gente nos rechaza o nos deja porque somos honestos con nuestros sentimientos, estaremos mejor sin esas personas en nuestra vida.

7. Miedo al rechazo - Cuando tomamos un riesgo social o profesional, normalmente existe el potencial de que lo que decimos pueda ser rechazado. ¿Y entonces? El rechazo de una idea o incluso el rechazo de nosotros personalmente no significa que no somos dignos, talentosos en nuestro trabajo, o de otra manera deseable. Significa que una persona o grupo de personas ve algo (s) diferente a nosotros.

8. Miedo de expresar nuestros verdaderos sentimientos - La falta de comunicación clara y honesta ha arruinado más de una relación de negocios o transacción. Es vital, si queremos tener éxito, poder y estar dispuestos a Expresar nuestros verdaderos sentimientos a nuestros seres queridos, colegas, adversarios e incluso a nosotros mismos.

9. Miedo a la Intimidad - Aunque muchos piensan que la intimidad tiene estrictamente connotaciones sexuales, abarca mucho más que eso. En realidad, es la forma más alta y mejor de estar con otras personas. Lo que es más importante, la verdadera intimidad está compuesta por un amor incondicional por las personas con las que lo compartimos.

10. Miedo del Desconocido - La vida está llena de incógnitas. Lo mejor que cualquiera de nosotros puede hacer es saber cuáles son nuestros valores y necesidades, y usar eso para determinar lo que estamos dispuestos a gastar nuestro tiempo y dinero a lo largo de nuestra vida. Esto incluye algunos riesgos, pero también lo hace la conducción de un coche, cruzar la calle, o jugar cualquier deporte. Si nos quedamos en el momento presente, no permitiremos que nuestros miedos infundados nos influencien. Si nos impedimos pensar demasiado en el futuro y nos preocupamos, no nos preocuparemos por ansiedades innecesarias y totalmente especulativas.

11. Miedo de una caída total- Una vez que tiene todo lo que planeó para, hay un miedo que todo se quitan. Estos pensamientos paranoicos pueden invadirnos y crear una profecía que se cumple.

El temor es una fuerte emoción y otros temores alimentan su fuego, como el odio, la ira y la ansiedad. Todos ellos llevan al miedo. Preparación, trabajo duro, dedicación, compromiso y reevaluación ayudará a mantener el miedo a raya. Recientemente tuve la oportunidad de ayudar a un negocio a volver a la pista. Cuando llegué a la empresa, estaba en un colapso y estaba a punto de perderme. Los propietarios estaban en piloto automático, y no conectar con nuevas fuentes de referencias para su negocio. No estaban haciendo cambios para cumplir con el cambio en las regulaciones en su industria, y dejaron de administrar a su personal, que estaban aprovechando la gestión ausente. No había supervisión diaria del negocio, y rápidamente pasaron de tener cinco sitios y más de sesenta empleados a un sitio y tres empleados. Era una situación difícil, dificultada por la presencia del pensamiento emocional, que hacía difícil el cambio. Se pusieron apáticos y temieron lo peor, y su respuesta fue enterrar sus cabezas. Lo que los salvaba era traer a alguien como yo, que tenía experiencia y experiencia en este campo. Poco a poco pusimos un plan en marcha para hacer avanzar el negocio. No fue suave y que regresar a veces. Pero ahora han cambiado su forma de pensar y son más seguros. Son menos temerosos y más exitosos. Tenemos que prepararnos para el éxito en todos los asuntos. Debemos observar y responder a las tendencias y si están fuera de nuestro alcance, debemos evaluar y retener recursos para ayudarnos a tener éxito.

"El éxito ... parece estar relacionado con la acción.
Las personas de éxito mantenerse en movimiento.
Cometen errores, pero no renuncian."
-Conrad Hilton

"Si no has probado el fracaso, no te has esforzado lo
suficiente."
-DrFrankLayman

Capítulo 23

Pensamiento Lógico Empleado para Difundir la Dinámica de Grupo

No importa el grupo - sea religioso, contra-cultura, militante, político, terrorista, o un grupo de pares - entender cómo funciona la dinámica de grupo puede difundir su influencia sobre ese grupo.

John Lasseter es una gran inspiración para mí. En algunos casos, miramos hacia alguien que ha tenido gran éxito como si fueran una criatura mítica. Este es un hombre que pasó por tiempos difíciles y muchas pruebas. Pero al final del día, fue pionero en una forma diferente de hacer negocios y una nueva y diferente integración de imágenes generadas por computadora, sin desacato al método clásico de animación. Muchos sentían que era un enfoque para derribar a otros y pararse sobre ellos para alcanzar nuevas alturas, que no es una dirección que quiero que mi lector considere. Podemos conseguir lo que queremos y se puede hacer sin herir a otros.

Ponga la envidia y los celos a un lado, controlando las emociones y progresando hacia el pensamiento lógico. Nuestro deseo de hacer el bien a menudo está en desacuerdo con nuestras necesidades egoístas. ¿Por qué gastar nuestros recursos para ese fin cuando podemos crear un fin que beneficia a todos? Encontrarse en un ambiente tóxico le deja poca opción si usted es lógico. ¿Qué harías si estuvieras en una habitación llena de algo tóxico? Sin duda te marcharías. Esto es lógico y obvio cuando se pone en este contexto. Sin embargo, no es siempre obvio cuando nos encontramos en un grupo que es tóxico.

113

Cuando se expone a diferentes grupos, puede ser útil tener cuidado con quienes se asocia. En los casos en que una dinámica de grupo se vuelve negativa y usted ha hecho todo lo que puede, esté preparado con una estrategia de salida. Iniciar un nuevo negocio es el primer paso en un estudio de factibilidad. Tenemos que hacer nuestra debida diligencia, la investigación y buscar las mejores alternativas para tener en cuenta todo lo que necesitamos saber. Necesitamos tener nuestras finanzas personales en orden y ser vigilantes y preparados para salir si es necesario. A fin de cuentas, la lógica ganará. Pero hay veces en un grupo dinámico que la emoción gana. En esos tiempos, tenemos que quitarnos del agente tóxico.

"Los hombres se equivocan cuando piensan que pueden ser explotadores inhumanos en su vida de negocios, y amorosos esposos y padres en el hogar."
-Smiley Blanton

"No he encontrado mayor satisfacción que lograr el éxito a través del trato honesto y la adhesión estricta a la opinión de que, para que usted gane, los que tratan con usted deben ganar también."
-Alan Greenspan

Capítulo 24

No Te Dejes Engañar Por Los Envases de Fantasía

Ya se trate de comida, una persona que se acaba de reunir, el ambiente en el que vive, o las sustancias que están poniendo en su cuerpo, tómese el tiempo para analizar sus opciones y probarlos contra pruebas concretas. Los pensadores emocionales son fácilmente influenciados por el empaquetado y las apariencias. En su lugar, utilice la lógica para evaluar sus opciones en función de los estándares establecidos. Las duras verdades son que, en mi humilde opinión, necesitamos cambiar nuestro estilo de vida de consumo y disposición a un estilo de vida más sostenible. Esta historia de Asóciate Empresa, titulada "Los Niños Piensan Que La Comida En La Envoltura De McDonald's Sabe Mejor, ilustra este punto.

> Cualquier alimento envasado por McDonald's sabe mejor a la mayoría de los preescolares, dice un estudio que demuestra poderosamente cómo la publicidad puede engañar al paladar de los niños pequeños.
>
> -Ves una etiqueta de McDonald's y los niños empiezan a salivar
> -Diane Levin, especialista en desarrollo infantil
> Incluso zanahorias, leche y jugo de manzana probado mejor a los niños si se envuelve en el embalaje familiar de los Arcos de Oro. El estudio hizo que los jóvenes

probaran los alimentos idénticos de McDonald's en envases de marca o sin marca. Los alimentos no marcados siempre perdieron la prueba de sabor. El autor del estudio, el Dr. Tom Robinson, dijo que la percepción de los niños sobre el gusto era "físicamente alterada por la marca."

El investigador de la Universidad de Stanford dijo que era notable cómo los niños tan jóvenes ya estaban tan influenciados por la publicidad.

El estudio incluyó a 63 niños de tres a cinco años de bajos ingresos de los centros de Head Start en el condado de San Mateo, California. Robinson cree que los resultados serían similares para los niños de familias más ricas. La investigación, que aparece en los Archivos Augusto De La Medicina Adolescente Pediátrica, fue financiada por Stanford y la Fundación Robert Wood Johnson.

Ha habido problemas recientes con agua embotellada, que ahora tiene que decir que contiene agua del grifo. Esta es una industria multimillonaria que nos hizo beber una opción más saludable. La publicidad consiste básicamente en mentiras diseñadas para llevarnos a comprar un producto. Los millones de nosotros que compramos productos hacen a las compañías ricas en la venta de una falsedad que seremos más felices, más satisfechos o más ricos si consumimos su producto. La mente lógica no cae fácilmente en estas tácticas. Analiza por qué estás tomando las decisiones que haces y cómo te afectarán en el futuro. Tendemos a estar tan envueltos en gratificación inmediata. Pero conseguir rico o lograr una meta requiere los métodos de práctica de tiempo, aprendiendo de fracaso, analizando tendencias, esforzándose por aprender más, y ejecutando mejor. No se deje mentir y no se autodestruya en la cara de tácticas de marketing inteligente. Ayuda a los demás, pero sé fuerte y no dejes que alguien te desplace. Trabajar duro y siempre mirar hacia el largo plazo. No suena de moda o emocionante, pero el friki es elegante.

Necesitamos adoptar algunas de las influencias para formar parte de la sociedad. Sin embargo, debemos confesar no ser conducido por ellos. Debemos tener control y moverse constantemente hacia nuestros objetivos de una manera decidida.

Capítulo 25

Mire A Quien Usted Idolatra

Los pensadores lógicos no idolatran a la gente. Los ven con cuidado y evalúan lo bueno y lo malo. Aprenden de estos ejemplos e incorporan el bien en sí mismos. Como jóvenes, todos buscamos a alguien para aprender y emular. Así es como la mayoría de nosotros inicialmente aprender a comportarse. El problema hoy en día es que la televisión y la publicidad tienen una presencia tan fuerte en nuestras vidas. Seguimos constantemente el comportamiento de aquellos que son los actores y músicos menos lógicos. Muchos de nosotros trabajamos para emular a sus personajes en pantalla, sin detenernos a considerar por qué sus estilos de vida no funcionan para nosotros.

Nuestras terminaciones no son pre-escritas por un grupo de escritores. No tenemos un equipo de gente inteligente, ingeniosa escribiendo el diálogo para nosotros. Sabemos que estamos fuertemente influenciados por la publicidad. Es la ciencia de la publicidad y nuestras necesidades emocionales que crean la sutil eficacia de los mensajes de marketing. Esto conduce a las poderosas influencias de los modelos, actores y músicos que idolatramos. Sabemos que simplemente están jugando un papel y aun así estamos influenciados. Eso no es diferente de saber que un argumento de ventas está diseñado para hacer que usted cambie su comportamiento sigue haciendo una compra. Las personas que idolatramos y emulamos no siempre son felices. De hecho, algunos son pensadores emocionales, propensos a sucumbir a muchas de las mismas emociones que luchamos.

118

No tenemos escritores y consultores de belleza que nos mejoren. ¿Cómo puede una mente lógica atacar este modelo predominante? Establezca sus metas de carrera y encontrar un mentor, preferiblemente uno que es pensador lógico. Si usted está en una posición de influencia sobre otros, recuerde que usted está siendo supervisado por aquellos que están aprendiendo de usted. Asuma la responsabilidad de ese privilegio y no utilice su posición para aprovechar o manipular a otros.

Los presupuestos de las estrellas que nuestra sociedad idolatra están fuera de control y bien fuera de nuestros medios. Para aprovechar al máximo lo que gasta, respete la herramienta que está utilizando. Si la ropa es la herramienta para obtener reconocimiento en el trabajo o para construir una red de personas, cuidar de esa herramienta como lo haría con cualquier otro recurso, Si usted no tiene un ingreso anual y está confiando en otra persona, considere la parte de trabajo -hora. No desperdicies tus recursos; No siempre duran.

Hacer ahorros automáticos. ¿Conoce los vehículos automáticos para guardar? La primera y más importante es una 401(k) por medio de depósito directo. Hay otros que permiten que las inversiones se hagan mensualmente, dependiendo del rendimiento y el promedio de costos. Esta debe ser su máxima prioridad; Especialmente si usted no tiene un fondo sólido de la emergencia todavía. Haga que sea la primera factura que paga cada día de pago, al tener una cantidad fija transferida automáticamente de su cuenta corriente a sus ahorros (pruebe una cuenta de ahorros en línea). Ni siquiera pensar en esta transacción - sólo asegúrese de que sucede, cada día de pago.

Controle su gasto de impulso. Esto puede ser el mayor problema para muchos de nosotros. Impulsar el gasto, en comer fuera y compras y compras en línea, es un gran drenaje en nuestras finanzas. Este es el rompedor de presupuesto más grande para muchos, y una manera segura de estar en apuros financieros. Consulte monitorizar tus gasto por impulso para obtener más sugerencias.

Evaluar sus gastos y vivir frugalmente. Si usted nunca ha rastreado sus gastos, tome este desafío cuidadosamente y monitorizar objetivamente durante el próximo mes. A continuación, evaluar cómo está gastando su dinero y ver lo que puede cortar o reducir. Decidir si cada gasto es absolutamente necesario, luego eliminar lo innecesario. Intento de ahorrar incluso un dólar al día. Que los promedios a aproximadamente

$30/ mensual, o $360/ anual, o $3600/10 años. Ahora agregue un 4% de interés anual. Es obvio que esto puede sumarse rápidamente con el tiempo.

Invierta en su futuro. Si eres joven, probablemente no piensas mucho en el retiro. Pero es importante. Incluso si usted piensa que siempre puede planificar para el retiro más adelante, hágalo ahora. El crecimiento de sus inversiones a lo largo del tiempo será asombroso si comienza en sus 20s. Comience por aumentar su 401(k) al máximo de la compañía de su partido, si eso está disponible para usted. Después de eso, la mejor apuesta es probablemente un "Roth IRA". ¡Haga un poco de investigación, pero lo que sea que hagas, empieza ahora!

Mantenga a su familia segura. El primer paso es ahorrar para un fondo de emergencia, de modo que si sucede algo usted tiene el dinero. Si usted tiene un cónyuge y / o dependientes, definitivamente debe obtener un seguro de vida y hacer un testamento - tan pronto como sea posible! También la investigación de otras formas de seguro, como el seguro de propietario o arrendatario.

Eliminar y evitar la deuda. Si tiene tarjetas de crédito, prohibiciones personales u otra deuda de ese tipo, debe iniciar un plan de eliminación de deuda. Lista de sus deudas y organizar en orden de menor equilibrio en la parte superior a la más grande en la parte inferior. A continuación, concentrarse en la deuda en la parte superior, poniendo todo lo que pueda en ella, incluso si es sólo $40 o $50 adicionales. ¡Cuando esa cantidad se paga, celebrar! Luego tome la cantidad total que estaba pagando (digamos $70 de pago mínimo más los $50 adicionales por un total de $120) y agregue eso al pago mínimo de la siguiente deuda más grande. Continúe este proceso, con su cantidad extra de bola de nieve a medida que avanza, hasta que pague todas sus deudas. Esto podría tomar varios años, pero es un proceso muy gratificante, y muy necesario.

Utilice el sistema de sobres. Éste es un sistema simple para no perder de vista cuánto dinero usted tiene para pasar. Digamos que dejar de lado tres cantidades en su presupuesto cada día de pago - uno para el gas, uno para los alimentos y uno para comer fuera. Retirar esas cantidades en día de pago, y ponerlos en tres sobres separados. De esta manera, puede rastrear fácilmente cuánto le queda por cada uno de estos gastos, y cuando se queda sin dinero, lo sabe inmediatamente. Esto le impide gastar demasiado en estas categorías. Si regularmente se agota demasiado rápido, puede que tenga que volver a pensar en su presupuesto.

Pagar facturas de forma inmediata o automática. Una buena costumbre es pagar las facturas tan pronto como vienen. También tratar de obtener sus facturas a pagar a través de la deducción automática. Para aquellos que no pueden, utilice el sistema de cheques en línea de su banco para realizar pagos automáticos regulares. De esta manera, todos sus gastos regulares en su presupuesto son atendidos.

Mira para crecer tu valor neto. Haga todo lo posible para mejorar su patrimonio neto, ya sea reduciendo su deuda, aumentando sus ahorros o aumentando sus ingresos, o todo lo anterior. Busque nuevas maneras de ganar dinero, o de que le paguen más por lo que hace. A lo largo de los meses, si calcula su patrimonio neto cada mes, lo verá crecer. Esfuércese por hacerse un empleado más comercial y eficaz. Lamentablemente, a veces tenemos que ser leales a nosotros mismos como la lealtad y la confianza en un jefe codicioso puede dejarnos atrapados. No espere para mejorar. Añade continuamente valor a tu carrera.

No deje que la emoción impida una buena razón que la lógica sea la luz que lo lleva hasta el final del túnel. La persona promedio por lo general no tiene idea de cuánto él o ella está gastando anualmente o mensualmente. El primer paso es rastrear lo que gasta. Sólo entonces debe empezar a ajustar su presupuesto para hacer que el equilibrio.

El Ingreso Sostenible Neto (NSI) es lo que queda después del ahorro, dando a la caridad, y el gasto en impuestos. El NSI es lo que usted debe vivir. Hay tres categorías principales en el presupuesto de cada persona: vivienda, comida y automóvil. Si estos tres porcentajes combinados exceden el 70% de su NSI, entonces será casi imposible tener un presupuesto equilibrado.

Encuentre calculadoras de presupuesto en línea gratuitas y utilícelas. La mente lógica no tendría que preguntar o juzgar el valor de la planificación mediante la presupuestario. Tenga en cuenta al visitar cualquier sitio web que no hay nada gratis. Los espacios venden espacio publicitario más hits recibe un sitio web, más influencia el anuncio lleva. ¿Una empresa o negocio gastaría dinero que no esperaba volver? No. Ahora que usted sabe esto y tiene un enfoque, no tendrá la misma influencia sobre usted.

He estado trabajando en mi licencia de piloto privado y me encanta. El vuelo lleva una secuencia que es múltiple y compleja para producir los resultados deseados. Cortar esquinas o tener un lapso en el juicio puede tener un impacto inmediato y fatal. No siempre tenemos esas altas apuestas inmediatas en nuestra vida. Por lo general se desarrollan mucho más lentamente, como un marido y un padre que gradualmente bebe demasiado (esto es un comportamiento autodestructivo que afecta a su familia). En el caso de una persona joven que recién está empezando pero que rápidamente acumula deuda, podría ser una década antes de que se estrellen y quemen. Por otro lado, lógicamente siguiendo una secuencia y entender los pasos necesarios para navegar por el terreno financiero le servirá bien.

Estoy seguro de que probablemente has escuchado el término de calorías huecas - calorías vacías sin apoyo nutricional. También hay comportamientos huecos, junto con pensamientos huecos y acciones. Todos estos no añaden a nuestra evolución o progresión. Necesitamos evaluar nuestras acciones y definitivamente muchos entre nosotros tenemos que evaluar y filtrar nuestros pensamientos antes de verbalizarlos.

Conozco a muchas personas que son indisciplinadas en esta área, e inevitablemente van a decir algo inapropiado. Conocía a un tipo que era un buceador de la Armada que estaba en mi unidad y lo llamamos Sr. Inapropiado. Estaba desprovisto de un filtro y causó muchos problemas con la comunicación y resultó en muchos sentimientos innecesarios heridos. Piense en lo que va a decir y ensaye rápidamente. Entonces confíe y ejecute. Ser confiado toma el ser competente, si usted está en su carrera o en un funcionamiento hacia su carrera. Siempre ser profesional y competente, y ser un experto en la materia.

Las personas que quieren echar la culpa a otra parte tienden a ser perjudicadas. Pero al final del día la competencia siempre gana el respeto de nuestros compañeros. No intencionalmente ser un matón intelectual. No menosprecies a los demás para que te sientas mejor y no dejes que nadie más defina quién eres. No tengas miedo de fracasar y cuando es tiempo de realizar no dudes de ti mismo o ser consciente de sí mismo. Cada uno de estos puede socavar los niveles de rendimiento.

Es importante reconocer que todos estamos perpetuamente en un estado de transición. Todos estamos buscando mejorar nuestra estación en la vida, y la mejor manera de hacer esto es ser lo mejor que puedas donde estás ahora mismo. Hay virtud en un trabajo bien hecho y es una práctica para cuando realmente llegar al nivel de sus metas. No mires de menos donde estés. Un esfuerzo adicional podría abrir puertas donde usted está ahora mismo; Quemar sus puentes al no dar su mejor esfuerzo, ofender a otros puede min su oportunidad de que tan necesaria recomendación a la escuela o el próximo trabajo más cerca de su objetivo. Donde quiera que esté ahora, tómelo en serio, sea profesional y trate de aprender todo lo que pueda. Utilice su tiempo restante para mejorar tu resumen, para construir una red, y para establecer buenas recomendaciones.

La ilusión de la felicidad y cómo podemos por medio de la lógica la manipulamos:

• Nosotros disfrutamos progresando en nuestras vidas
• Nosotros nos gusta comportarnos virtuosamente
• Nosotros nos adaptamos a la mejora (cinta hedónica / adaptación) y nos adaptamos a los retrocesos
• Nosotros queremos ser queridos y amados
• Nosotros queremos estar seguros
• Nosotros tenemos miedo
•Nosotros nos hacemos presentar de mala forma

Podemos mirar a alguien con celebridad y pensar; Guau, lo que no daría por esa vida. La moda, los coches, las casas, las vacaciones, etc. Muchas personas están perdiendo mucho tiempo y recursos valiosos mantenerse al día con lo que las celebridades están usando. Lógicamente, tenemos que darnos cuenta de que el éxito es un logro multifacético. El verdadero éxito no es ser el mejor golfista o jugador de baloncesto. Muchas de las personas más exitosas son demasiado solteras en su devoción de ser gente bien redondeada. Pueden estar tan concentrados en una cosa que ignoran todo lo demás. ¿Alguna vez ha estado en presencia de una persona brillante que no se preocupa por las necesidades básicas de higiene?

Necesitamos centrar nuestra atención en aquellas cosas que nos van a construir y permitirnos ser individuos completos. Tengo citas en este libro de personas que han aspirado a grandeza en algunas áreas y por lo tanto son dignos de citar. Pero muchas de estas personas han fracasado miserablemente en la vida. Aquellos tienen ciertas actitudes, comportamientos dignos de emular y otros que tienen que ser descartados. Sólo porque alguien ha alcanzado la fama o la riqueza no los hace exitosos en la forma en que estoy abogando. Tiger Woods es uno de los hombres más reverenciados en los deportes. ¿Quieres su vida? Michael Jordan es sin duda uno de los hombres más atléticos de la historia. Sin embargo, ambos hombres se autodestruyeron importantes relaciones personales. ¿Qué hay de Vince Lombardi, cuya incansable búsqueda de la perfección ha sido crónica? Sin embargo, muchas de sus relaciones personales con su familia eran insalubres. ¿Qué pasa con los muchos atletas de élite que se han contaminado y sus deportes por hacer trampa su camino a la cima? Algunos de ellos son personas que tomaron esteroides u otras sustancias ilegales para llegar o permanecer en un nivel que no merecen. ¿Cómo ha influido eso en las próximas generaciones? ¿Qué tipo de legado es robar, sí robar, de otra persona? Cuando se corta las esquinas y se toma de otra persona, como muchos de estos atletas lo hicieron, ellos maltrataron a otros que no se mejoraron ilegalmente. ¿Qué hay de las estrellas de la NFL que lograron un gran éxito en el campo de futbol americano, pero fracasaron financieramente?

Todos tenemos ciertas ventajas y desventajas, lo que significa que no todos tenemos el mismo potencial. Dicho esto, todos estamos en un continuo o debemos vernos como tales, y todos tenemos múltiples facetas que pueden permitirnos tener éxito. ¿Cómo define usted el éxito? Tal vez es la graduación de la escuela secundaria o la universidad, el inicio de su propio negocio, o el aterrizaje de un buen trabajo o carrera. No cubra o engañe a otra persona para lograr el éxito. No lo persiga con la exclusión de todos los demás aspectos de su vida. Para ello, necesita un plan y una definición de lo que el éxito significa para usted. ¿Cómo lo conseguiremos si tenemos toda la adulación del mundo, pero perdemos nuestras relaciones personales? ¿Prefieres alcanzar todos tus objetivos y pasar jóvenes? ¿No sería un mejor enfoque para atender a su salud física y financiera, mientras que también el desarrollo de una carrera? Esto incluye sus relaciones y sus capacidades artísticas e intelectuales. No gane gran éxito en un área mientras se pierde en su propio mundo. No esté tan centrado en el éxito que pisa a los demás para lograrlo.

Esto no quiere decir que, como pensadores lógicos, necesitamos ser insensibles o débiles. Por el contrario, estamos definiendo las próximas generaciones e influenciando a los que nos rodean. Tenemos que defender lo que es verdadero y lógico. Tenemos que ayudar a los demás como nos podemos en este curso para poner las cosas en un mejor seguimiento para el futuro. Dicho esto, no vamos a pisar a otros. Vamos a llegar a levantar a los demás. No vamos a tener envidia ni buscar venganza, ni herir a otros sin causa. Vamos a modelar y ayudar a otros a desarrollar sus capacidades de pensamiento lógico y compartir nuestro éxito. Vamos a construirnos simétricamente y avanzar nuestro intelecto.

Esforcémonos por ser y hacer lo mejor, sacar lo mejor de los demás y evolucionar a mayores alturas mediante el aprendizaje activo y el deseo de ser un experto en materia de temas, ya sea que el tema sea las finanzas, las relaciones, la salud, etc.

Capítulo 26

Procesos Lógicos Para Hacer Decisiones

uando pensamos en nuestro proceso de toma de decisiones, ¿cómo pensamos en mejorarlo? El éxito en cualquier cosa requiere análisis de experiencias pasadas y una comprensión de cómo podemos mejorarlas para el futuro. Esto puede aplicarse a todo en nuestras vidas, incluyendo: interacciones sociales, ventas, destacándose como solicitantes de empleo, o mejorando el rendimiento atlético. Es importante profundizar en los detalles de lo que entra en nuestro proceso de toma de decisiones para comprender qué componentes son exitosos y cuáles contribuyen al fracaso. Hacer esto nos ayuda a ser disciplinados y objetivos en la formulación de un enfoque válido para la toma de decisiones eficaces. Nos impide reacciones negativas a las malas decisiones, como la superación de nosotros mismos, la abnegación o el olvido del pasado. Sea disciplinado y practique decisiones lógicas y más claramente definidas en todos los aspectos de su vida. Esto limitará los errores inducidos al tomar decisiones emocionales.

Cuando empecé a trabajar en mi licencia de piloto, aprendí a incorporar sistemáticamente el pensamiento a veces. Hacerlo ayuda a tomar decisiones cuidadosas y lógicas en todo momento, independientemente de las circunstancias. Dada la amenaza constante e inminente de peligro, puede apostar que un modelo de pensamiento sistemático no permite la toma de decisiones emocionales. Tiene una secuencia de pasos para ayudar en mejores elecciones lógicas. La toma de decisiones aeronáuticas utiliza seis pasos para tomar una decisión informada

- Detectar - un cambio
- Estimar - la necesidad de hacer algo
- Elija - una opción de opciones elija el mejor para obtener el resultado deseado
- Identificar - qué acciones están disponibles para controlar el resultado; Hacer - la acción seleccionada
- Evaluar - ¿Cuál fue el resultado de la acción

Si fue ineficaz, comenzamos el proceso otra vez. Aprendí mucho de lo que significa ser exitoso al obtener mi licencia de piloto. He logrado mi calificación de instrumento y estoy trabajando en mi licencia comercial. Como resultado, he visto una gran transición hacia el cambio en la forma en que pienso y proceso la información en mi vida cotidiana. Ser racional es un cambio imperativo hacia ser un piloto exitoso y tener éxito en la vida.

Algoritmo

Comience con un comienzo conocido y cree un plan que se basa en una serie de pasos que conducirán a un final predecible. Lo que un algoritmo significa para un informático o alguien que escribe código es como lo que un plan significa para un arquitecto o un plan de lección para un maestro. Estos son procesos secuenciales lógicos. Empezar a pensar en términos de ellos en lugar de ser impulsado por sus emociones.

Capítulo 27

Evaluación Objetiva de los Factores de Riesgo y El Efecto Combinado Para Seleccionar Objetivamente Con Quienes Pasar Su Tiempo

Por nuestra naturaleza, somos criaturas sociales. Tenemos apego emocional a los demás en algún momento y necesitamos evaluar con quién estamos pasando nuestro tiempo y por qué. Si su objetivo es tener éxito, las personas que toman su tiempo (el más valioso de los recursos) y lo que está haciendo durante ese tiempo son importantes para evaluar.

¿Con quién quieres pasar el tiempo? Esa es una pregunta personal y que vale la pena evaluar objetivamente. Si aplica la lente del pensamiento lógico, probablemente encontrará que prefiere asociarse con personas con ideas afines. Las personas emocionales llenas de drama y destructivas no van a ayudarlo en su crecimiento personal. El éxito es más que tener cosas materiales. Puede incluir el éxito en una disciplina como la música o el arte.

Tuve ocasión de conocer a dos personas una vez cuando me trasladaron a Alaska como un reservista del Ejército. A veces seré reubicado para ocupar un cargo para un soldado regular del Ejército, que en este caso fue enviado a Irak. Los reservistas del ejército, a diferencia de los soldados en el ejército regular, no pueden traer a su familia con ellos, así que mientras el trabajo es intenso hay una abundancia de tiempo muerto. La zona en la que

128

nos movilizamos en Alaska está aislada y la mayoría de los soldados tienen familias, por lo que fuera de trabajar hay poco que hacer.

Para la mayoría de los reservistas, esto es una bendición y una maldición. La mente emocional se detendrá en el aislamiento y se convertirá en destructiva. Esto puede conducir a vicios como el abuso de sustancias, que puede ser un problema.

Me acerqué al aislamiento de otra manera. Elegí desarrollar facetas de mi vida personal que sentía que eran importantes para mi éxito futuro. Entiendo que no describí un punto final como civil. Soy un fisioterapeuta y un hombre de negocios, y siempre estoy ocupado en el negocio o en la clínica. Así que llegué a un punto durante este período de aislamiento donde trabajé para mejorarme para el futuro.

Necesito mejorar mi dieta y aptitud física, pero también quiero estar cerca de personas de ideas afines, especialmente aquellos que son expertos en la materia. Pasé gran parte de mi tiempo trabajando hacia mi licencia de piloto privado. Los pilotos se empujan a aprender y realizar y hay un gran cuerpo de trabajo para aprender. Tomé lecciones de guitarra. Los músicos tienden a ser gobernados por las emociones, que puede ser lo que inyecta la pasión en su música. Pero muchos de ellos son profesionales cuando se trata de su música que me enteré de que gran parte de la comprensión de la música es muy matemático y requiere un gran cuerpo de conocimientos y habilidades. También tomé clases de pintura. Elegí estas áreas para aprender porque me expusieron a los profesionales motivados que aprendí de. Son gente capaz de conversar sobre muchos temas, tener conocimientos y análisis, y son atractivos y conocedores. El ejercicio se puede hacer con otra persona y por lo general tengo un compañero de entrenamiento, pero quería que este tiempo fuera introspectivo. El punto es que no seleccionar personas negativas, no productivas para trabajar. No eran pensadores lógicos en todos los sentidos del término, pero tienen componentes y atributos que me ayudaron con mis metas.

La gente a menudo se limita con la excusa de que son amigos de la gente por comodidad de nuestra vida. Podríamos decir que trabajamos con ellos o vivimos muy cerca de ellos. Ampliar sus horizontes le permite la oportunidad de socializar con personas productivas. No fuerce las relaciones. Puede que no se desarrollen por su cuenta, lo cual está bien porque usted tiene que estar cómodo con usted mismo. La gente suele analizar sin saberlo.

Es importante entender las dimensiones del comportamiento social y ser agradable sin ser bullicioso y molesto. Podemos ahorrar eso para los pensadores emocionales que necesitan la atención. Son personas atrapadas por la duda de sí mismo. Enfóquese en cambio en la auto-mejora y el pensamiento lógico. No dejes que tu egoísmo y tus emociones negativas, como los celos, la envidia y la codicia, forjan tus interacciones con los demás. No lastime o se enoje con otros o sea hipócrita. Ser honesto y serio y mientras que otros están preocupados por chismes o negatividad. Al permanecer influenciado por la lógica, usted estará progresando hacia sus metas con herramientas cada vez mejoradas emitidas por un enfoque lógico hacia un fin específico. Quien se rodea de usted es tan importante en su crecimiento, estancamiento o regresión. La mente lógica quiere aprender y expandirse, sabiendo que conducirá a oportunidades de éxito. Disfruto de deportes y aprecio especialmente a aquellos que han tomado su deporte elegido y empujar para ser el mejor. Es fácil racionalizar que los grandes atletas poseen habilidades naturales que el resto de nosotros no tienen. Pero sin estructura y un enfoque organizado de la formación, nunca tendrían la oportunidad de estar en condiciones de tener éxito. Tome una lección de ellos, pero aplicarlo a todos los aspectos de su vida a través del pensamiento lógico.

"El éxito no es definitivo, el fracaso no es fatal:
es el valor para continuar lo que cuenta."
-Winston Churchill

Capítulo 28

La Intuición contra La Razón Deductiva

L os grandes pensadores de la Ilustración lucharon con muchas de las mismas cosas que enfrentamos hoy. Muchos de ellos se esforzaron por ser científicos en su enfoque, sin comprender completamente el método científico. Si bien ese ideal tiene su lugar en la sociedad, a menudo es demasiado estructurado para ser práctico. Por eso, cuando se me da la oportunidad, yo argumentaría por un modelo basado en el pensamiento lógico, que no descarte nuestra experiencia o "intuición", sino que permita que estos factores influyan en nuestra toma de decisiones. Thomas Jefferson era un enigma de un hombre. Por un lado, era extremadamente lógico y científico. Sin embargo, en muchos niveles, era propenso a sucumbir a los deseos sobre su mente. Escribió la Carta de Cabeza y Corazón después de un nuevo interés amoroso, que se casó, dejó París donde Jefferson estaba sirviendo como ministro de los EE.UU. a Francia. La joven y casada inglesa se llamaba Maria Cosway. Esto es evidencia de que puede sentirse imposible descontar nuestras emociones fuertes. Pero necesitamos tener la disciplina para identificar lo que estamos usando - la razón o la emoción - Si la respuesta reflexiva es la emoción, ayuda a tener estrategias para voltear el interruptor y comenzar nuestra cadena de pensamiento lógico.

*"Las dos operaciones de nuestro entendimiento, intuición
y deducción, sobre las cuales solo hemos dicho que debemos
confiar
en la adquisición del conocimiento. "*

- -René Descartes, filósofo francés, matemático, científico
- (1596-1650)

¿Qué es el razonamiento deductivo? Es un argumento basado en hechos. En nuestro caso es la gimnasia mental la que nos permite iluminar falsas opciones favorables que aumentan nuestras posibilidades de éxito. Por ejemplo, si el hecho A es verdadero y el hecho B es verdadero, se deduce que su resultado es verdadero. Básicamente, la deducción es el proceso de extraer una conclusión objetiva de dos cosas que se conocen. Para llegar a una conclusión objetiva utilizando el razonamiento deductivo, debemos conocer los hechos, evaluar su mérito y sacar una conclusión basada en hechos y objetividad. Los resultados deducibles se basan en reglas, leyes y principios. Dado que las conclusiones deductivas son importantes para los resultados, se debe prestar mucha atención al análisis cuidadoso de si los hechos son verdaderos o falsos.

¿Cómo se puede aplicar esto a pulir su pensamiento lógico? Considere el siguiente enfoque para la búsqueda de hechos y la toma de decisiones:

- Percibir - identificar y discernir
- Ponderar - analizar
- Plan - esbozar las intenciones; Crear una estrategia o un sistema
- Preparar - adaptar ajustar formular
- Predecir - utilizando todos los datos disponibles, tendencias y evidencia, sacar una conclusión lógica
- Realizar - no dude, actúe

Trate de usar la secuencia-P anterior en su razonamiento lógico y deductivo y recuerde que los sistemas son grandes para poner en lugar para ser más estructurados. Estar más estructurado en nuestro pensamiento nos ayuda a mantenerse alejados de las emocionales trampas de la rodilla que nos distraen de nuestras metas. Prepare su mente para ser más lógico.

Preparación ayuda a evitar las limitaciones emocionales de la indecisión del miedo, y la duda de sí mismo. Considerar lógicamente nuestras posibilidades de éxito también ayuda a reducir el riesgo que causa la sobre confianza. Estos tienden a ser la apatía y el exceso de confianza. Esto no quiere decir que usted no debe pensar positivamente. Pero es importante analizar su situación objetivamente para evitar las limitaciones emocionales y el posible declive en el éxito que proviene de ser demasiado confiado. Lo mismo se puede decir para evitar la duda de sí mismo. Analice la situación y su rendimiento. No caiga en apuros ilógicos diseñados para cambiar su comportamiento, que son omnipresentes en la sociedad.

¿Alguna vez ha analizado realmente un infomercial? ¿Cuál es la estrategia predominante que utilizan para venderle el producto? Si dijiste emoción, entonces bingo - estás cogiendo. ¿Qué emoción explotan normalmente? Si dijiste dudas, te estás poniendo bien.

¿Cuál es tu defensa contra la explotación de tus emociones? La respuesta es su mente lógica. Es un regalo increíble y una vez que aprovechar todo su potencial, usted va a sorprenderse en lo que será capaz de lograr. Tenga en cuenta que vamos a ver tareas, situaciones u oportunidades a través de un lente de lógica. Utilizando esa perspectiva, comience por determinar la validez y fiabilidad de la información que tiene antes del análisis. Compruebe sus fuentes objetivamente y sea un oyente activo. Aplicar razonamiento deductivo y análisis de riesgo pensado a problemas comunes y analizar las tendencias para desglosar las tareas de los componentes. También vale la pena crear técnicas de resolución de tareas reflexivas. Observe el resultado de su intervención y aprenda de sus fracasos en diseñar un plan de acción. Pruebe su conclusión, y si el resultado deseado se alcanza, celebre el resultado. Si no se alcanza el resultado deseado, puede viajar otra secuencia lógica hasta llegar a su destino.

Capítulo 29

Pensadores Lógicos Se Definen Ellos Mismos

Los pensadores lógicos no se centran en las palabras negativas y en la crítica de los demás. Son distracciones que nos permiten ser definidas por otras personas. En su lugar, es importante centrarse en lo que es importante para nosotros.

Necesitamos valorarnos a nosotros mismos y trabajar hacia nuestros propios objetivos. No necesitamos perder tiempo preocupándonos por lo que dicen los demás y no necesitamos perder el tiempo perpetuando las críticas negativas de los demás. Esto no da licencia para ser un iconoclasta o para tener un mal desempeño laboral. Es la naturaleza humana para que la gente hable de uno a, pero debe ser evitado. No seas un matón, ni seas tan inseguro que tienes que pisar a otra persona para sentirte mejor contigo mismo. Sea edificante y positivo. Sé fiel a ti mismo ya los demás, pero no dejes que las palabras negativas de otra persona te definan. Cuando era mayor en la escuela secundaria, luché con mi comportamiento. Yo era un estudiante errático que no estaba a la altura de su potencial. Tuve un consejero de orientación que me aconsejó ir al Ejército y no perder el dinero de mis padres al ir a la universidad. Hoy, tengo un BS, MSPT, DPT, EdD, y una licencia de piloto. He poseído y desarrollado varias empresas exitosas y sirvo en el ejército. ¿Mi consejero de orientación estaba bien sobre mí? Elegí no tomar su entrada seriamente y esto tenía un impacto abrumador en mi vida.

"Nadie puede hacerte sentir inferior sin tu consentimiento."
-Eleanor Roosevelt

No le dé a nadie la oportunidad de definirlo. Nosotros somos quienes nos desarrollamos para ser. No somos lo que otros dicen que somos. Las motivaciones de otras personas se producen con emociones como el miedo, los celos y la envidia. Definiese usted mismo, establece normas, tenga un plan en su lugar, y aprender a amarse a sí mismo.

"El requisito previo para amar a los demás es amarse a sí mismo Si usted no tiene un respeto saludable por lo que es, y si no aprende a aceptarse a sí mismo las faltas y todo, nunca será capaz de amar adecuadamente a otras personas. "
-Joel Osteen

Deje que las palabras negativas de otros no penetren en su mente lógica más fuerte. Tome lo bueno de los demás y aprender de sus tendencias positivas. Aprender de sus actos negativos mediante la crítica constructiva y hacer lo contrario. Aprendí mucho de otros líderes haciendo cosas que pensé que estaban equivocadas. Aprendí de muchas personas lo que no debía hacer. Tenemos grandes mentes expansivas, y debemos usarlas para comparar, analizar y evaluar lo que otros están haciendo que los hacen exitosos o no. No se deje intimidar por la crítica constructiva. Sea receloso y cauteloso, pero sea honesto en su autoevaluación. Si el problema está fuera de tu alcance para solucionarlo, busca a alguien que te ayude.

He tomado lo positivo en otros sin ignorar lo negativo, y sé que el verdadero éxito se define desde dentro. He aprendido que muy pocas personas son verdaderamente redondeadas. Piénsalo: mi abuelo era un conductor de camión autodidacta que construyó su propia casa usando un presupuesto construido sobre el dinero que guardó. Estaba contento con su casa y su familia. ¿Podría haber logrado más? Absolutamente. Estaba contento y sin deuda. Tenía tiempo libre y estaba feliz.

Ahora veamos a Thomas Jefferson. Fue gobernador, estadista, autor, presidente e icono de la historia. Era un gran hombre para nuestro país, y sin embargo murió con gran deuda. ¿Qué camino elegirías para ti mismo y cuál considerarías más exitoso? Es importante definirse a sí mismo. No dejes que otra persona lo haga por ti y cuando te enfoques solo hazlo considerando algunas de las construcciones del enfoque del pensamiento lógico.

Aprovechando todos los componentes de nosotros mismos es un reto. Tenemos que definir lo que es el éxito, ser capaces de reconocer obstáculos, analizar las tareas componentes que lo componen, y seguir adelante con mucho trabajo y dedicación. Tenemos que abrazar a nuestros fracasos del pasado para mejorar nuestras posibilidades de éxito.

"No es el crítico quien cuenta, no el hombre que señala

cómo el hombre fuerte tropezó, o donde el hacedor de

hechos podría haber hecho mejor. El crédito pertenece al

hombre que actualmente en la arena; la cara de quién es está empañado

por el polvo, sudor y sangre; Que se esfuerza valientemente;

quien se equivoca y se queda corto una y otra vez; Que conoce

los grandes entusiasmos, las grandes devociones y

se dedica en un curso digno; Quien, en el mejor de los casos, sabe que al

final el triunfo más grande lo lograra y que, en el peor de los casos,

si fracasa, al menos fracasa mientras atreviéndose mucho

para que su lugar nunca estará con esas almas frías y tímidas

que no conocen la victoria o la derrota ".

-Theodore Roosevelt

Capítulo 30

Lo Que No Se Está Diciendo

No hay fórmula automática para el éxito. Si quieres tener éxito, no hay una fórmula de talla única que puedas comprar (a pesar de lo que muchos infomerciales te harían creer). Como seres humanos estamos integrados con una dualidad - un lado racional y un lado emocional. Creo que la sociedad está progresando hacia el pensamiento emocional, dejándonos deficientes en nuestro pensamiento lógico. Sin embargo, todos queremos éxito. Tener un equilibrio en nuestros procesos de pensamiento puede ayudarnos en todos los aspectos de nuestras vidas para mejorar nuestras posibilidades de éxito, sin importar en qué parte de nuestras vidas elijamos concentrarnos.

Por ahora usted probablemente tiene un buen manejo de este concepto. Las siguientes serán preguntas predecir cuál es su respuesta lógica a ser. Haga la prueba, lea las respuestas para reforzar lo que ha aprendido. Conserve el libro y úselo como referencia si las siguientes situaciones surgen en su vida y desea orientación. Has conseguido que hayas terminado este libro. Ahora adelante y tener éxito en su aplicación. La vida no es bidimensional como este libro; Ni es blanco y negro. Esto es sólo una guía. El camino puede cambiar y las alteraciones a su acercamiento pueden ser requeridas. Pero el pensamiento lógico coherente puede ayudarle a llegar a donde quieres estar en la vida y lo que quieres ser.

1) ¿Está bien fumar?

No y sí. Fumar es un hábito negativo con un alto precio. Hay gastos en términos de salud y riqueza asociados con el tabaquismo. Si usted está entre los pocos que pueden limitar su auto a 1-2 cigarrillos o cigarros por año (sí, que se lee un año), mientras que jugar al golf, juegos de cartas, o socializar, está bien. Si no, la respuesta es un no enfático. Si tienes niños no hay espacio para fumar. Modela el comportamiento destructivo y los coloca en un mayor riesgo de problemas de salud debido al humo de segunda mano. Un fumador de paquete al día está desperdiciando el dinero que podría poner para pagar la deuda o ahorrar para sus hijos. La respuesta está en el beneficio a largo plazo sobre la gratificación inmediata.

2) ¿Está bien jugar?

Sí y no. El juego es también un hábito negativo con los gastos pesados. La casa siempre tiene la ventaja en cada juego, lo que significa que la persona promedio es probable que pierda. Sin embargo, si es recreativo y el dinero aplicado no se destina a gastos mensuales fijos que son esenciales, el juego ocasional es aceptable. Si no es su naturaleza ser moderado y disciplinado sobre vicios como este, es importante evitar el juego.

3) ¿Está bien renunciar a un presupuesto familiar?

No. El presupuesto es como un límite de velocidad o una ley de conducción en estado de ebriedad. Es imperativo seguirlo para el bienestar físico y financiero de usted y su familia. Un presupuesto puede ser tan simple como priorizar donde el dinero que usted hace va:

- Pague usted mismo - si un 401(k) no está disponible, consulte a su contador o un asesor financiero
- Pago de la casa
- Utilidades
- Alimentos
- Gastos de transporte
- Ropa
- Gastos de recreo

• CD o algún otro ahorro a corto plazo
• Si no puede hacer esto, está gastando demasiado sus ingresos y es importante cambiar la forma en que vive. La falta de implementación de un presupuesto mensual básico aumenta el riesgo de endeudamiento. Mantenga actualizados los pagos con tarjeta de crédito y ejecute un presupuesto equilibrado.

4) ¿Está bien para conseguir un segundo trabajo?

Sí, pero nunca deje que un segundo trabajo distraiga a su principal fuente de ingresos. Los beneficios financieros de un segundo empleo se deben utilizar para asegurar su manera de vida, en comparación con vivir fuera de sus medios. Este dinero debe ser ahorrado porque la ejecución podría ser corta, y alterar un presupuesto de gastos más alto basado en los ingresos a corto plazo podría conducir a la deuda. Recuerde, el objetivo es ser libre y no cargado por la deuda.

5) ¿Está bien estar asociado con un partido político?

No y sí. Si usted puede permanecer objetivo y no comprar en la retórica o las contradicciones de una plataforma fija / rígida, está bien. Es mejor tomar lo mejor de las diferentes partes y pensar por ti mismo.

6) ¿Está bien ser un conservacionista?

Absolutamente. Esto es especialmente cierto cuando se trata de recursos insustituibles. Soy un apasionado defensor de la conservación de energía y recursos. No podemos vivir desinteresadamente para siempre. Necesitamos preservar para construir un futuro sostenible

7) ¿Está bien pelear?

Sólo si está en defensa propia o para fines recreativos (es decir, jiujitsu o karate). Luchar como un agresor nunca es apropiado. La mente lógica defiende a los débiles en la sociedad y eso perpetúa y emana ondas positivas y no negativas.

8) ¿Está bien ser voluntario?

Absolutamente. Si bien el voluntariado no pone dinero en su bolsillo por el tiempo empleado, mejora y preserva nuestra sociedad.

9) ¿Está bien ser un fanático?

Absolutamente no. Juzga a la gente por su trabajo, esfuerzo. Y carácter. Las sociedades homogéneas son débiles.

10) ¿Está bien ver la televisión?

Si es un vicio, la respuesta es no. Si no puede ser equilibrado moderadamente para satisfacer las demandas de su vida, la respuesta es no. El tiempo es un recurso, y es importante reemplazarlo por un hábito positivo. Sin embargo, ayuda a algunas personas a descomprimir y hay programas positivos de los que podemos aprender. Mi cuñado es un tipo brillante, pero el aprendizaje convencional de leer un libro y retener hechos es su talón de Aquiles. Pero aprende mucho viendo las noticias o muere Canal De Historia porque es un aprendiz visual. Es importante para todos nosotros saber cómo aprendemos de la manera más eficiente. El brillo no es el mismo en todas las personas y la educación formal no permite que todos alcancen su potencial.

11) ¿Está bien actuar como parte de la víctima o perseguir una mentalidad de derecho?

No. Nos dieron todos los regalos que necesitamos para crear una vida feliz y próspera. Es importante sacar esa pala, construir ese aeropuerto, y perseverar a través de toda la adversidad.

12) ¿Está bien señalar a otros que la única razón por la que un amigo tiene éxito es a través del nepotismo?

No, no es productivo chismear, y la envidia es una emoción desperdiciada. Sea feliz o neutral hacia la buena fortuna de su amigo y esté más centrado en crear su propia oportunidad.

13) ¿Está bien beber alcohol?

Si usted es mayor de edad y puede beber con moderación, hay beneficios para la salud asociados con alcohol ocasional. Sin embargo, nunca hay un momento en que esté bien beber y conducir. En la aviación, hay un dicho que dice "10 horas de botella a acelerador". Un viaje en taxi es mucho más barato que otra vida humana, por no hablar de tener un DUI en su registro o dañar la propiedad privada o la reputación personal. Beber con moderación no es un problema a menos que las calorías añadidas son un factor en su objetivo de perder peso. De lo contrario, al igual que todo lo demás en este texto, mantener un enfoque equilibrado y lógico.

14) ¿Está bien trabajar hacia una nueva carrera?

Sí. Esta es la dirección que necesitamos avanzar y mejorar nuestra estación en la vida. Ha sido genial ganar varios grados y crear una próspera carrera profesional. Pero créanme, sé que los amigos que son comerciantes y tienen pequeñas empresas que están haciendo financieramente tan bien o mejor. La conclusión es saber sus fortalezas y debilidades, tomar decisiones profesionales difíciles, y seguir con ellos hasta que haya alcanzado sus metas.
Por ejemplo, si usted es un mecánico con el objetivo de un día poseer su propia tienda, no se sienta inhibido de perseguir nuevas metas. Recuerde, el trabajo que tiene durante este tiempo es poner comida en la mesa, así que asegúrese de tomar un enfoque equilibrado para no dañar su negocio actual. El ejemplo de Dave Thomas, propietario de Wendy's, siempre es positivo. Comenzó como un empleado en KFC, pero su ética de trabajo excepcional y la dedicación abrió las puertas para el avance y, finalmente, le permitió abrirse a su propia empresa.

15) ¿Está bien establecerse?

Absolutamente, decididamente NO. Está bien ser feliz con su vida y satisfecho con sus logros. Walt Disney a menudo hablaba de su hermano, que era un cartero, y que disfrutaba de viajes de pesca y una vida sin estrés. Todos definimos nuestra propia versión del éxito. Si tenemos defectos, es importante trabajar en ellos. Sin embargo, si usted está satisfecho con estas fallas y no quiere estirar más, que está bien. Sin embargo, nunca resolver si usted piensa que puede hacer más en la vida.

Contribuya más si tiene ganas de probar algo. Dejar de perder tiempo y empezar a hacer tiempo, buscar recursos y encontrar una manera de alcanzar sus sueños. Nunca deje que los opositores lo definan. Analice el plan, defina sus metas y esté dispuesto a trabajar duro para alcanzarlos. Sea realista y observe sus expectativas cambiar para su vida. Puede ser difícil mantenerse enfocado durante un largo período de tiempo. Recuerde sus metas diariamente.

También es importante aprender de los fracasos. De hecho, no proceda si usted no espera conseguir una o dos puertas cerradas en su cara. Si no estás creciendo a partir de estas experiencias, no estás utilizando el fracaso como un medio para aprender secretos ocultos para el éxito. Ve y aplica lo que has aprendido aquí y confía en ti mismo. Sepa cuándo está siendo autodestructivo y aprenda a identificar las barreras en su camino. Encuentre maneras, alrededor, o través de esas barreras. No deje de fumar o deje de fumar y recuerde siempre el viejo adagio del piloto: volar el avión hasta el suelo.

Objetivamente reevalúe las razones cuando llegas corto. Esté dispuesto a romper el objetivo en partes componentes para obtener ayuda si es necesario. Enfoque su mente y robarse por fracaso, hasta que tenga éxito o aparezca otra oportunidad. Nunca te rindas; Siempre tienen una razón importante para dejar ir una meta importante. El amor no es una emoción que queramos prescindir. La sinceridad y el amor deben estar presentes y formar parte de nosotros. Así es como hacemos nuestras vidas. Son aquellas otras emociones contraproducentes que necesitan ser calmadas. Nuestras mentes lógicas deben poder procesar, analizar, planificar y actuar.

"El éxito no es la clave de la felicidad,
la felicidad es la clave del éxito."
-Albert Schweitzer

Ya No Vamos Por El Asiento De Nuestros Pantalones: La Progresión desde Emocional al Lógico

Para todos ustedes que han tomado el tiempo para leer este material en un intento de auto-mejora, están en su camino al pensamiento lógicamente, y deben estar orgullosos de sus esfuerzos y dirección. Recuerde, esta es una técnica por la cual se puede vivir una vida feliz y exitosa. Cuando se combina con otras técnicas, esto debería ayudar a proporcionarle una mejor calidad de vida. El cambio requiere tiempo, paciencia y un compromiso renovado. Trabajar en su reacción a lo inesperado en la vida. Prepárese para lo inesperado mirando la vida objetivamente y las tendencias que se enfrentan. Analícelos y prepárate para lo que te enfrentes.

Haciendo caso omiso de las tendencias y volar por el asiento de sus pantalones es sólo marginalmente exitosa, como un piloto sin una navegación o un analista financiero elegir acciones al azar. Preparar, buscar y comprender la naturaleza de convertirse en un experto en materia. Duda para que pueda confirmar. Observe y reconozca las tendencias. Piensa en una situación en lugar de reaccionar emocionalmente. Además, una vez que haya hecho el compromiso de tener éxito, no deje que el miedo, la duda de sí mismo se interponga en su camino.

Sea amable, civil, generoso y sincero con los demás y esperar lo mismo a cambio. Haga un impacto positivo en su comunidad y en el planeta. Diviértete y disfruta del viaje de la vida. No seas autodestructivo y piensa más lógicamente. Piense en los beneficios a largo plazo en lugar de la gratificación inmediata. Esto es verdad

Si el tema es su dieta, trabajo, desarrollo profesional o riqueza. Sea un aprendiz de por vida y persiga un entendimiento más alto. Siempre desafíese de nuevas maneras.

Aplicando el pensamiento lógico a su vida le abrirá oportunidades para usted. Cuando lo hagan, esté alerta e intente progresar su posición. Si usted trabaja para una empresa, usted será capaz de pedir que aumentar o nueva posición. Si es posible, añada su valor tomando clases nocturnas. Avance sus ingresos invirtiendo, obteniendo otro trabajo o aprendiendo sobre las oportunidades de ingresos pasivos. Mejorar sus relaciones asistiendo a ellos a través del desinterés. Asistir a su auto por el ejercicio, comer sano, pensando sano lógicamente y evitar los patrones de pensamiento emocional.

¿Alguna vez has notado que cuando algo va mal o simplemente no planeado su reacción de la rodilla-tirón es probable que sea emocional? Sin embargo, una respuesta lógica más obvia a menudo aparece después de que pasa el tiempo. Con un poco de perspectiva y tiempo para mirar todo el campo y evaluar todas las opciones, la mejor opción suele aparecer. En lugar de esperar para hacer esto, debemos empezar por pensar lógicamente. Cuando se hace regularmente, este paso puede crear resultados positivos y nos hacen mucho más exitoso.

Sé tu propia persona. No deje que las emociones lo dejen vulnerable a la mala toma de decisiones. Demasiado a menudo no nos adaptamos a estar solos. Es lógico adaptarse a estar solo. A menudo hacemos malos juicios cuando estamos solos. Aprendí como un piloto que tenemos una mayor probabilidad de un viento de frente, entonces un viento de cola, y que parece ser el caso en la vida también. Cuando los tiempos difíciles ocurren, apenas recuerde permanecer atascado en esperanzas de un mejor futuro mientras que usted está remando río arriba. No sucumba a la desesperación. Use la razón para trabajar de nuevo a un terreno más alto. Ya hemos discutido la importancia de ser social y de trabajo en red, pero la comodidad en estar solo es igual de importante.

Una vez que hayamos aprendido a controlar nuestras emociones, es menos probable que seamos influenciados por comportamientos negativos de los compañeros o nos apresuremos algo basado en el miedo o la inseguridad de estar solo. Es importante usar la soledad de manera productiva. Reflexione sobre algunos momentos solitarios anteriores en su vida y lo que logró con esa oportunidad. Si su tiempo solo en el pasado fue marcado por hábitos negativos, asegúrese de pasar más allá de eso. Avanzar con renovada confianza y un sentido más fuerte de propósito. Utilice cada oportunidad que usted consigue.

He hecho múltiples referencias a Thomas Jefferson (estoy inclinado hacia Jefferson, ya que soy un graduado de la Universidad de Virginia) y mientras él tenía sus faltas y no era perfecto, él tenía muchas cualidades favorables. Vale la pena leer algunas de sus cartas y visitar su casa. Fue muy eficiente con su tiempo y escribió prolíficamente. Tenía libros alrededor de su casa y leía a menudo en cualquier momento del día. Mientras esperaba la cena, se ponía de pie y leía. Él estaba mejorando constantemente su tiempo, en lugar de perderlo. Hay muchas maneras de llegar a lo que usted define como éxito. Tome acción y participe en su crecimiento y desarrollo.

Sí, hay muchas maneras de tener éxito o resolver un problema, y he presentado uno basado en mis experiencias. Pero la verdadera gloria de la vida es que por el acto de tratar de mejorar a sí mismo, sacará algo positivo de este libro. Podría ser una forma de pensar o actuar que usted puede utilizar para aumentar a sí mismo. Esperemos que, sea cual sea la forma en que usted elija, no se socave ni se auto-derrota. En su lugar, espero que sigas persiguiendo tu éxito de la manera que mejor te convenga.

Participar activamente en su crecimiento y desarrollo es cómo usted se acercará al éxito que busca. Le animo a ser un aprendiz de por vida. Esté siempre dispuesto a vaciar su taza para que pueda ser rellenado. Evite las respuestas emocionales y mantenga su mente alerta. Trabajar duro y evitar dejar que sus emociones obtener lo mejor de ti, con la excepción de amor y amabilidad. Es especialmente importante evitar la avaricia y la envidia. Mire para ayudar a otros en su búsqueda del éxito y no intente ganar el éxito conspirando o chismeando. Siempre mantenga el terreno más alto y esté dispuesto a compartir libremente y llegar a ayudar a otros.

"Trate de no convertirse en un hombre de éxito,
sino más bien trate de convertirse en un hombre de valor."

-Albert Einstein

Espero que vayas adelante tomando con usted algunas herramientas que pueden mejorar sus posibilidades de éxito, y si usted encuentra el éxito con ellos, compartir con otros.

"Nacimos para tener éxito, no para fracasar.

"-Henry David Thoreau

Aquí hay algunas citas de despedida y pensamientos para reflexionar sobre:

- *"Cualquiera que nunca haya cometido un error nunca ha probado nada nuevo."* -

- *"En medio de la dificultad reside la oportunidad."*

-
- *"Creo que tenemos que salvaguardarnos contra las personas que son*
- *una amenaza para los demás, aparte de lo que puede haber motivado sus hechos".*

-
- *"Un hombre debe buscar lo que es y no por lo que cree que debería ser."*
-Albert Einstein

"Yo lamento por la pérdida de miles de vidas preciosas, pero no me regocijaré en la muerte de uno, ni siquiera un enemigo. Devolviendo odio por el odio, añadiendo una oscuridad más profunda a una noche ya desprovista de estrellas. La luz puede hacer eso El odio no puede expulsar el odio: sólo el amor puede hacer eso. "
-Martin Luther King Jr.

"Reexaminé todo lo que le han dicho. Descarte lo que insulta tu alma."

-Walt Whitman

"El éxito depende casi totalmente de la energía y persistencia. La energía extra que se requiere para hacer otro esfuerzo o probar con otro enfoque es el secreto de ganar"
-Denis Waitley

"Somos lo que repetidamente hacemos; excelencia, entonces, no es un acto, sino un hábito."
-Aristotle

"Compórtate como si todo lo que haces importa."
-Gloria Steinem

Aquí hay algunos ejercicios mentales de gimnasia para probar su destreza lógica / racional recién descubierta:

- Cada problema, tarea o meta tiene un principio y un final. Así que intente retroceder o intente identificar cada variable individual que conduce al punto de comienzo.

- ¿Y si pudieras clonar a sí mismo? ¿Cómo aconsejarías o dirigieras a ese clon a comportarse? Parece sencillo, pero es un enfoque muy poderoso porque estimula la introspección y dirección objetivas.

- En primer modelo de la conducta y adoptar el proceso de pensamiento hasta que ya no es un acto sino una respuesta automática.

- STLT (Fuerza A Través Del Pensamiento Lógico)

Películas:

Rudy
Párate y entrega
Hombre de honor
Apolo 13
La búsqueda de la felicidad

Libros:

Leer otros autores motivacionales
Escritura de su orientación religiosa y fuera de ella
Leer Literatura Clásica
Lea y aprenda sobre finanzas y presupuesto
Leer el periódico, Mecánica Popular y el Informe del Consumidor

Para recomendaciones más detalladas, visite nuestro sitio web www.FrankLaymanSTLT.com.

Nessuna fine appena l'inizio (Sin fin, sólo el comienzo)

CONOCE AL AUTOR: DRFRANKLAYMAN

El trabajo de Dr.Frank en el autodesarrollo fue provocado por sus emprendimientos empresariales y su tiempo en el servicio.

Con su mezcla de autodesarrollo, entusiasmo, optimismo y
autosuficiencia, Dr.FrankLayman enfatiza que todos necesitamos tomar el control de nuestras vidas.

Aboga que existe una solución a nuestras dificultades, que proporciona
una visión para el crecimiento y desarrollo diario.

Americano autoayuda abogado, autor, orador y conferenciante. El defiende: "El acercamiento sobre las circunstancias permite el éxito".

Su objetivo es ayudar a los que quieren hacer un cambio positivo.

Manténgase conectado para mantenerse
motivado.

Me puede encontrar en Twitter.

Busque mis sitios web.

Y Lee los blogs,

Vaya a mis podcasts en Spreaker.com,

Libros Emergentes:

Guía de Profesionalismo y Liderazgo

Profesionalidad y Liderazgo Manual

"El impacto de usted"

"Cambiando tu destino cambiando la
conversación
que tienes contigo mismo"

DrFrankLayman

www.ingramcontent.com/pod-product-compliance
Lightning Source LLC
LaVergne TN
LVHW051347080426
835509LV00020BA/3331